POLÍTICA EXTERNA FEMINISTA COMO *BRANDING* GOVERNISTA
HÁ CONGRUÊNCIA ENTRE NORMAS INSTITUCIONAIS E PRÁTICAS DE COOPERAÇÃO?

Editora Appris Ltda.
1.ª Edição - Copyright© 2025 da autora
Direitos de Edição Reservados à Editora Appris Ltda.

Nenhuma parte desta obra poderá ser utilizada indevidamente, sem estar de acordo com a Lei nº 9.610/98. Se incorreções forem encontradas, serão de exclusiva responsabilidade de seus organizadores. Foi realizado o Depósito Legal na Fundação Biblioteca Nacional, de acordo com as Leis nos 10.994, de 14/12/2004, e 12.192, de 14/01/2010.

Catalogação na Fonte
Elaborado por: Dayanne Leal Souza
Bibliotecária CRB 9/2162

A282p 2025	Aguiar, Bruna Soares de Política externa feminista como branding governista: há congruência entre normas institucionais e práticas de cooperação? / Bruna Soares de Aguiar. – 1. ed. – Curitiba: Appris, 2025. 189 p. ; 21 cm. – (Coleção Ciências Sociais). Inclui referências. ISBN 978-65-250-7288-3 1. Política externa. 2. Feminismo. 3. Branding feminista. 4. Cooperação internacional. 5. Desenvolvimento. I. Aguiar, Bruna Soares de. II. Título. III. Série. CDD – 327

Livro de acordo com a normalização técnica da ABNT

Appris
editorial

Editora e Livraria Appris Ltda.
Av. Manoel Ribas, 2265 – Mercês
Curitiba/PR – CEP: 80810-002
Tel. (41) 3156 - 4731
www.editoraappris.com.br

Printed in Brazil
Impresso no Brasil

Bruna Soares de Aguiar

POLÍTICA EXTERNA FEMINISTA COMO *BRANDING* GOVERNISTA
HÁ CONGRUÊNCIA ENTRE NORMAS INSTITUCIONAIS E PRÁTICAS DE COOPERAÇÃO?

Appris
editora

Curitiba, PR
2025

FICHA TÉCNICA

EDITORIAL
Augusto Coelho
Sara C. de Andrade Coelho

COMITÊ EDITORIAL
Ana El Achkar (Universo/RJ)
Andréa Barbosa Gouveia (UFPR)
Antonio Evangelista de Souza Netto (PUC-SP)
Belinda Cunha (UFPB)
Délton Winter de Carvalho (FMP)
Edson da Silva (UFVJM)
Eliete Correia dos Santos (UEPB)
Erineu Foerste (Ufes)
Fabiano Santos (UERJ-IESP)
Francinete Fernandes de Sousa (UEPB)
Francisco Carlos Duarte (PUCPR)
Francisco de Assis (Fiam-Faam-SP-Brasil)
Gláucia Figueiredo (UNIPAMPA/ UDELAR)
Jacques de Lima Ferreira (UNOESC)
Jean Carlos Gonçalves (UFPR)
José Wálter Nunes (UnB)
Junia de Vilhena (PUC-RIO)

Lucas Mesquita (UNILA)
Márcia Gonçalves (Unitau)
Maria Aparecida Barbosa (USP)
Maria Margarida de Andrade (Umack)
Marilda A. Behrens (PUCPR)
Marília Andrade Torales Campos (UFPR)
Marli Caetano
Patrícia L. Torres (PUCPR)
Paula Costa Mosca Macedo (UNIFESP)
Ramon Blanco (UNILA)
Roberta Ecleide Kelly (NEPE)
Roque Ismael da Costa Güllich (UFFS)
Sergio Gomes (UFRJ)
Tiago Gagliano Pinto Alberto (PUCPR)
Toni Reis (UP)
Valdomiro de Oliveira (UFPR)

SUPERVISORA EDITORIAL
Renata C. Lopes

PRODUÇÃO EDITORIAL
Daniela Nazario

REVISÃO
Ana Carolina de Carvalho Lacerda

DIAGRAMAÇÃO
Andrezza Libel

CAPA
Kananda Ferreira

REVISÃO DE PROVA
Bianca Pechiski

COMITÊ CIENTÍFICO DA COLEÇÃO CIÊNCIAS SOCIAIS

DIREÇÃO CIENTÍFICA
Fabiano Santos (UERJ-IESP)

CONSULTORES
Alícia Ferreira Gonçalves (UFPB)
Artur Perrusi (UFPB)
Carlos Xavier de Azevedo Netto (UFPB)
Charles Pessanha (UFRJ)
Flávio Munhoz Sofiati (UFG)
Elisandro Pires Frigo (UFPR-Palotina)
Gabriel Augusto Miranda Setti (UnB)
Helcimara de Souza Telles (UFMG)
Iraneide Soares da Silva (UFC-UFPI)
João Feres Junior (Uerj)

Jordão Horta Nunes (UFG)
José Henrique Artigas de Godoy (UFPB)
Josilene Pinheiro Mariz (UFCG)
Leticia Andrade (UEMS)
Luiz Gonzaga Teixeira (USP)
Marcelo Almeida Peloggio (UFC)
Maurício Novaes Souza (IF Sudeste-MG)
Michelle Sato Frigo (UFPR-Palotina)
Revalino Freitas (UFG)
Simone Wolff (UEL)

Este livro, assim como a minha trajetória profissional e acadêmica, é dedicado à memória da minha avó, a força para que tudo isso fosse realidade.

AGRADECIMENTOS

Sempre enfatizo que nenhuma jornada é trilhada sozinha. Temos sempre aqueles que nos alimentam com amor e que contribuem para o nosso progresso. Por isso, é com profunda gratidão que reconheço o papel fundamental da minha família, cuja energia, fé e carinho moldaram minha trajetória. Agradeço também ao meu companheiro pelo apoio incondicional e por compartilhar dos meus sonhos. À rede de mulheres que me acompanham e que tenho a honra de chamar de amigas, expresso minha gratidão sincera.

Por último, mas não menos importante, sou imensamente grata aos meus orientadores do doutorado, cuja convivência acadêmica foi crucial para transformar esta pesquisa em um livro. Tive a sorte de encontrar amigos e grandes incentivadores neles.

Eu não estou aceitando as coisas que eu não posso mudar, estou mudando as coisas que eu não posso aceitar.

(Angela Davis)

PREFÁCIO

Em seu primeiro livro publicado, *Política Externa Feminista como branding governista: há congruência entre normas institucionais e práticas de cooperação?*, Bruna Soares de Aguiar apresenta análises que resultam de seu doutoramento em Ciência Política no Instituto de Estudos Sociais e Políticos da Universidade do Estado do Rio de Janeiro (IESP-UERJ). Concebido a partir de uma abordagem crítica, feminista, pós-colonial e latino-americana, este livro que temos a honra de prefaciar é fruto de ampla pesquisa sobre como e por que a política externa feminista pode ser considerada um novo paradigma da política internacional. Nós, na qualidade de orientadora principal (Enara) e coorientador (Carlos), tivemos o prazer e o orgulho de acompanhar essa caminhada de Bruna, durante a qual ela soube, com maestria, transformar as pedras encontradas em fundações de uma avenida ao final construída e que hoje pode servir de passarela entre visões de mundo e modos de produzir conhecimento inovador no vasto campo das Relações Internacionais.

Entre as inovações que merecem destaque na obra que ora se apresenta a(o) leitor(a), Bruna analisa detalhadamente como declarar "feminista" uma política externa ou estratégias de assistência oficial ao desenvolvimento tem-se tornado objeto de disputa entre ambições de transformação e táticas de publicidade no campo político da Cooperação Internacional para o Desenvolvimento (CID). Governos e agências têm anunciado a adoção de uma diplomacia feminista sem necessariamente promover uma reflexão mais profunda sobre as estruturas de reprodução das assimetrias, hierarquias e desigualdades no sistema internacional. A adoção das lentes de gênero pelas vias do marketing e das estratégias de branding diplomático, como bem analisa Bruna nesta obra, conduz a um quase esvaziamento crítico da agenda feminista, mormente à luz das contribuições do feminismo pós-colonial latino-americano. De um olhar radical sobre as relações de poder na CID e as tensões entre forças exógenas e contextos locais, a agenda de gênero pode ser mais um instrumento de manutenção do desenvolvimento capitalista, patriarcal, racista e reprodutor de desigualdades. Bruna revela, assim, como e por que, na pesquisa e na ação militante, é fundamental ir além das políticas declaratórias e analisar os resultados dos projetos de cooperação como eles se dão, sociologicamente, no campo das práticas da CID.

O livro de Bruna Soares de Aguiar ilustra não apenas como a análise das relações de gênero é fundamental para a compreensão da política internacional, ela demonstra como a adjetivação feminista pode também se tornar mais uma estratégia a serviço de uma ordem mundial fundada em hierarquias e papeis previamente definidos. Como resultado deste trabalho, Bruna oferece não só uma profunda reflexão, mas também uma ferramenta prática para desvelar esses diversos sentidos e práticas em torno a uma agenda cada vez mais central, para que os diversos agentes possam entender mais concretamente as possiblidades de transformação que nos oferece a perspectiva feminista.

Assim, este trabalho que agora o(a) leitor(a) terá a possibilidade de descobrir, ao se fundamentar em várias áreas do conhecimento (ciência política, relações internacionais, sociologia, estudos de gênero), traz à academia e ao grande público mais uma oportunidade de conhecer o resultado de pesquisas que têm sido desenvolvidas do Laboratório de Análise Política Mundial (LABMUNDO), que em breve completará 20 anos de existência. Esta publicação faz parte dessa trajetória e se constitui em mais uma celebração acadêmica. Parabéns, Bruna, depois de anos de convívio intelectual desde a graduação na Unirio e ao longo do mestrado e do doutorado no Iesp, deixamos os nossos votos de muito sucesso em sua carreira acadêmica.

Rio de Janeiro, 3 de junho de 2024.
Enara Echart Muñoz[1]
Carlos R. S. Milani[2]

---

[1] Professora do Departamento de Relações Internacionais e História Global da Faculdade de Ciências Políticas e Sociologia da Universidade Complutense de Madri.

[2] Professor titular de Relações Internacionais da UERJ, atua no Programa de Pós-graduação em Ciência Política do IESP, onde coordena o Observatório Interdisciplinar das Mudanças Climáticas (OIMC) e o Laboratório de Análise Política Mundial (LABMUNDO).

SUMÁRIO

INTRODUÇÃO 15

PARTE I.
QUANDO A POLÍTICA EXTERNA ENCONTRA OS FEMINISMOS......25
   O QUE CONTRIBUIU PARA A SUÉCIA DAR O PRIMEIRO PASSO E
   ANUNCIAR A PEF? 27
   A BUSCA POR UMA ÉTICA FEMINISTA NA POLÍTICA INTERNACIONAL
   SUECA... 34
   O ADVENTO DA POLÍTICA EXTERNA FEMINISTA: O QUE MUDOU?........ 40

PARTE II.
QUANDO OS FEMINISMOS ANALISAM A COOPERAÇÃO
INTERNACIONAL PARA O DESENVOLVIMENTO..............................53
   A INDÚSTRIA DO DESENVOLVIMENTO E A FORMULAÇÃO DA CID COMO
   MODELO DE AJUDA 57
   OS RESULTADOS DA CID DESDE UMA PERSPECTIVA CRÍTICA 60

PARTE III.
QUANDO OS FEMINISMOS ENCONTRAM A ANÁLISE DE POLÍTICA
EXTERNA 69
   (RE)SIGNIFICANDO AS VARIÁVEIS PARA A CONSTRUÇÃO DO MÉTODO
   DE VERIFICAÇÃO DE CONGRUÊNCIA 71
   COMO APLICAR O MODELO? 84

PARTE IV.
ESTUDO DE CASO: É IMPORTANTE CONHECER A HISTÓRIA DO
"OUTRO" 91
   O PROCESSO DE INSTITUCIONALIZAÇÃO DAS PAUTAS FEMINISTAS NA
   POLÍTICA BOLIVIANA 104
   BOLÍVIA COMO BENEFICIÁRIO NA COOPERAÇÃO INTERNACIONAL
   PARA O DESENVOLVIMENTO 115
   A RELAÇÃO HISTÓRICA SUÉCIA E BOLÍVIA 119

PARTE V.
ESTUDO DE CASO: AVALIANDO A CONGRUÊNCIA DO BRANDING
FEMINISTA SUECO 123
PRIMEIRA FASE DE ANÁLISE: A DELIMITAÇÃO DO MODELO DE
LIDERANÇA NORMATIVA DA POLÍTICA FEMINISTA SUECA 124
Análise do conteúdo das normativas institucionais suecas a nível domés-
tico e internacional..125
SEGUNDA FASE DE ANÁLISE: A DELIMITAÇÃO DAS CAPACIDADES
DE TRANSFORMAÇÃO DAS ESTRUTURAS DA CID SUECA A PARTIR DA
POLÍTICA EXTERNA FEMINISTA.. 147
TERCEIRA FASE: ANÁLISE DAS AVALIAÇÕES DAS PRÁTICAS DA
ESTRATÉGIA DE COOPERAÇÃO SUÉCIA E BOLÍVIA (2016-2020)............ 159
Análise das práticas de cooperação sueca por meio da Embaixada sueca
em La Paz...161
Análise das práticas de cooperação sueca por meio da Diakonia............ 171

REFERÊNCIAS 179

INTRODUÇÃO

A análise das ações exteriores dos países sob a ótica feminista transcendeu o âmbito meramente acadêmico, tornando-se uma questão relevante também nas esferas burocráticas dos governos e para a sociedade civil organizada. Portanto, este livro não se limita a definir o que é uma Política Externa Feminista (PEF), mas busca elaborar até que ponto os países que rotulam suas ações como feministas efetivamente promovem mudanças em suas práticas além do discurso, de modo a contribuir na formulação de instrumentos analíticos dessa nova modalidade de política externa.

Escrevo este livro visando apresentar uma nova abordagem sobre o assunto, partindo do pressuposto de que, assim como em outras áreas das políticas governamentais, as relações exteriores contemporâneas são influenciadas por uma ênfase crescente na divulgação dos acontecimentos como uma estratégia para alcançar aprovação da opinião pública — neste caso, de apoiadores domésticos e de atores disponíveis para interlocução na esfera internacional. A narrativa que um governo constrói sobre suas estratégias domésticas e internacionais precisa ser cativante para obter apoio público, porém isso não exclui a necessidade de análises críticas sobre seus métodos.

As páginas a seguir refletem o resultado de quatro anos de pesquisa durante o doutorado, aliados aos meses como pesquisadora visitante na Espanha e na Suécia. No entanto, mais do que isso, elas são fruto de uma análise crítica dos rumos que a PEF tem tomado e de como esse paradigma pode se manifestar de maneiras diversas conforme o país, a região e o governo que adota.

A origem da PEF remonta à Suécia em 2014, como é tradicionalmente afirmado no início de diversos artigos acadêmicos, de opinião e livros ao redor do mundo que abordam o tema. Aqui essa afirmação inicial permanece, porém busco uma abordagem crítica a partir dos feminismos do Sul Global em relação a esse marco histórico. A localização desse ponto de partida é essencial para a compreensão dos argumentos e conclusões apresentados ao longo deste livro.

É importante também que eu seja transparente com minhas leitoras e leitores, e reconheça que não há um conceito fechado de Política Externa Feminista. Pelo contrário, existem diversas abordagens das ações exteriores que se adaptam às realidades específicas em que são concebidas e aos objetivos que buscam alcançar. Em minha visão, essa realidade é, de certa forma, agridoce. Por um lado, é positivo que as políticas dos países possam se adaptar de acordo com as circunstâncias particulares em que são desenvolvidas, refletindo a diversidade tão valorizada pelas teorias feministas. No entanto, a falta de um conceito mais definido em termos objetivos amplia a possibilidade de a PEF ser instrumentalizada para ações que não são genuinamente feministas.

Esse processo pode se expressar em diferentes estratégias. Escolho focar a deficiência de verificação da transformação das normas feministas em práticas feministas. O processo de instrumentalização nestes casos ocorre por meio de um *"branding político"* (Jezierska; Towns, 2017). Em outras palavras, trata-se da gestão da imagem de um governo, especialmente no âmbito internacional, e as formas de moldar a narrativa em torno de uma burocracia estatal engajada na promoção da igualdade de gênero. Vale ressaltar que essa estratégia impulsionou a construção de uma narrativa específica sobre o *mainstreaming* de gênero, integrando-se a diversas estratégias comunicacionais dos governos de países que anunciaram a PEF, desde políticas domésticas para revisão das leis de paridade de gênero no mercado de trabalho, até a elaboração de manuais para orientar a política externa e a agenda de cooperação (Aguiar, 2023).

Em termos gerais, o *branding* é comumente definido como a gestão da marca, ou seja, a estratégia por trás de como um produto/serviço é apresentado ao seu público-alvo. Adolphsen (2009) avançou nesse campo ao explorar o uso do *branding* em campanhas eleitorais, propondo uma reflexão sobre o *branding* político. Segundo o autor, de maneira sucinta, o *branding* político pode se desdobrar em três aspectos principais: a) a construção de narrativas emocionais para estabelecer uma identificação entre o eleitor e o candidato; b) a orientação multicanal, que consiste em apresentar-se de maneira coerente em diferentes meios de comunicação; c) a construção da confiança, que é alcançada por meio de uma narrativa consistente e promessas que mantenham as expectativas dos eleitores/consumidores ao longo do tempo. Partindo desse conceito, busco incorporar a ideia do *branding* político para analisar a PEF, unindo às reflexões de Pereira (2021) de que uma das ferramentas-chave para o exercício do *branding* na esfera política é o *storytelling*. Ou seja, a forma de contar a própria história vem sendo empregada de maneira multifacetada, abrangendo políticas públicas sociais e econômicas, legislações nacionais e normativas institucionais.

A questão crucial é determinar se essa história contada por meio das normas institucionais corresponde às práticas elaboradas pelos atores representantes dos governos que as desenvolvem, a ponto de gerar uma lealdade por parte dos beneficiários das ações exteriores feministas a partir de resultados efetivamente feministas, e, assim, consolidar a PEF como política de Estado. Caso não haja uma correlação, entendo que o *storytelling* se limita a criar uma narrativa empática, enquanto as práticas reforçam as desigualdades estruturais do sistema internacional, resultando em uma falta de **congruência** no *branding* das Políticas Externas Feministas. Desse modo, argumento que a imagem construída pelos governos a partir de suas identidades consolidadas como "amigos das mulheres" (Hernes, 1987), tanto em âmbito doméstico quanto internacional, se fundamenta em uma narrativa que cria um imaginário poderoso para sua inserção no sistema internacional, permitindo-lhes autodefinir, de maneira quase que automática, suas práticas como feministas.

Encaro essa promoção como um processo de persuasão para obter apoio a uma determinada visão governamental. Para tanto, as narrativas desenvolvidas e os agentes que personificam a história da Política Externa Feminista na estrutura burocrática dos governos, tanto individual quanto coletivamente, são mobilizados para convencer os interlocutores sobre a capacidade de promover e sustentar uma abordagem feminista na política externa. Essa narrativa é divulgada ao mundo por meio dos discursos dos representantes do Estado e do governo, mas, acima de tudo, é moldada pelas normas institucionais. Por isso, a maioria dos países que adotaram/adotam a PEF publicam documentos, majoritariamente em formato de manuais e planos de ação, para delimitar as fontes normativas do Direito Internacional que fundamentam e justificam a adoção da PEF, e para sublinhar as agendas nas quais há um esforço para a institucionalização da PEF – além dos informes de resultados que reúnem ações políticas como forma de promover o alcance do paradigma feminista.

A questão que surge dessa reflexão é, portanto, como discernir se a PEF transcende a mera promoção de um governo específico e efetivamente promove mudanças práticas. Para abordar essa questão, considero que uma agenda prioritária da ação exterior a ser examinada é a Cooperação Internacional para o Desenvolvimento (CID). Isso se deve ao fato de que é por meio dessa modalidade de interação com outros países e organismos internacionais que um governo possuí a oportunidade de internacionalizar e disseminar uma consciência política, bem como de reproduzir uma determinada forma de ação. Além disso, a CID tem sido historicamente utilizada como plataforma para a promoção dos direitos humanos e da democracia em todo o mundo. Isso envolve volumes significativos de investimento por parte, principalmente, de países do Norte Global, sob a estratégia de "apoiar" nações em desenvolvimento e subdesenvolvidas na construção de governos democráticos, com progressos sociais, políticos e econômicos.

Ao longo desse processo, diversos conjuntos normativos foram estabelecidos para mitigar, em certa medida, as lacunas deixadas pela indústria do desenvolvimento e os efeitos negativos dos acordos de cooperação, principalmente entre países do Norte e do Sul. A perspectiva da Coerência da Política de Desenvolvimento (CDP), desenvolvida pela União Europeia, exemplifica uma estratégia que promove a visão de avanço e reformulação das práticas de cooperação internacional. A CDP trouxe à tona, também, a questão da eficiência das políticas de cooperação como um indicador para os acordos estabelecidos, bem como um reconhecimento internacionalmente válido dos benefícios proporcionados por determinadas práticas de cooperação, sob a ótica dos doadores.

A concepção de uma política como eficiente e coerente parece estar intrinsecamente ligada à quantificação dos métodos e ao *branding* promovido pela política de um governo em questão. Isso significa estabelecer padrões métricos para classificar os Estados mais engajados em determinada agenda, reforçando a propaganda desse país na esfera internacional como defensor da política em destaque. No contexto sueco, por exemplo, o reforço dos instrumentos utilizados pelo Comitê de Ajuda ao Desenvolvimento/ Organização para a Cooperação e Desenvolvimento Econômico (CAD/OCDE) exemplifica uma ferramenta metodológica que quantifica e valida o *branding* do país em torno da igualdade de gênero. Esses processos se retroalimentam e sustentam a ordem mundial, reforçando os padrões de hierarquia no sistema internacional e têm sido reforçados nos diferentes processos de adoção da PEF.

O termo "coerência", de acordo com o dicionário da língua portuguesa, refere-se à relação harmoniosa entre dois fatos ou ideias. Por outro lado, eficiência significa garantia de um resultado positivo. Examinar esses conceitos à luz de uma interpretação feminista crítica torna-se essencial para explicar a minha recusa em utilizar a terminologia Coerência de Políticas quando se trata da Análise de Política Externa Feminista (APEF), e por acreditar que esse termo tem servido como justificativa para classificar ações exteriores tradicionais como feministas, e antecipar resultados dos governos sob a justificativa de que já cooperavam desde um paradigma feminista antes mesmo de adotarem a PEF.

Em primeiro lugar, uma relação harmônica entre dois ou mais polos pressupõe-se mutuamente benéfica e percebida como positiva por todas as partes envolvidas no processo. Quando a

União Europeia estabelece padrões metodológicos e métricas para categorizar uma política de cooperação como coerente, está adotando a perspectiva do país doador, não a do beneficiário. Isso mantém o protagonismo dos doadores no sistema internacional, favorecendo, principalmente, esses atores ao sugerir que o que se apresenta no *branding* daquela política é, necessariamente, harmônico com as práticas implementadas. No entanto, podemos questionar: harmônico com o quê? Harmônico para quem? O outro lado (beneficiário) para definir a harmonia entre as partes envolvidas não é, necessariamente, considerado nessas metodologias, já que apenas as normas que definem determinada política de desenvolvimento feminista são analisadas, e a avaliação dessas políticas é realizada utilizando as mesmas metodologias que as definem como coerentes. Portanto, é um ciclo de confirmação da coerência e eficácia do doador. Quando apenas um lado é considerado, não podemos garantir a harmonia de fato.

No que diz respeito à eficiência, definida como a garantia de um resultado positivo, defendo que a linha entre bons resultados para a população beneficiária e bons resultados para as ONGs e governos intermediários da CID é muito tênue. Llistar (2009) indica que, em muitos casos, as ONGs dos países receptores tendem a defender os valores dos doadores como uma estratégia para manter o financiamento, o que garante a continuidade do trabalho da organização. Dessa forma, a eficiência não é determinada pela garantia de um resultado positivo em si, mas pela segurança do resultado esperado pelo doador.

O argumento aqui é que rotular uma política de cooperação como coerente e eficiente, em um contexto no qual a ação exterior é denominada como feminista, não é suficiente para afirmar que existe uma cooperação feminista, isso porque não são apresentados instrumentos que garantam a verificação de que há/houve uma revisão das estruturas da CID e, consequentemente, de seus resultados, fazendo apenas com que o paradigma feminista seja instrumento de adjetivação de políticas de cooperação e de governos como "amigos das mulheres" (Hernes, 1987). A adjetivação dos conceitos de CID e Política Externa como feministas com base nos interesses dos doadores constitui um obstáculo ao protagonismo dos Estados e das comunidades locais beneficiárias da doação, reforçando ainda mais a lógica de dependência na indústria do desenvolvimento. Como observado por Llistar (2009), a CID, conforme praticada atualmente, não conduz à transitoriedade das políticas e da assistência ao desenvolvimento. Em outras palavras, não contribui para a autonomia dos beneficiários, mas aumenta sua dependência e reforça a ideia de que aqueles com capital material são atores altruístas, agindo unicamente em nome da ajuda.

Defendo, portanto, a necessidade de desenvolver uma metodologia de avaliação da PEF e suas agendas específicas que possa abranger as diversas realidades e relações presentes nos contextos de cooperação. Acredito que manter a interpretação em torno da coerência de políticas em espaços de ações nomeadas como feministas exemplifica a instrumentalização do paradigma para reforçar a imagem positiva dos governos que apresentam uma agenda, em muitos casos, básica em termos de adoção de políticas de igualdade de gênero, e a versão da história por eles contadas, mesmo que não, necessariamente, esses governos possuam práticas que redefinam as estruturas de poder existentes. Para qualificar a cooperação também como feminista, considero válido contemplar a ideia de **congruência** de políticas. Isso porque o termo **"congruência"** busca descrever uma relação apropriada entre uma coisa e o objetivo que ela visa alcançar, envolvendo proporção. Quando uma política feminista é delineada, espera-se exatamente isso: uma relação proporcional entre as partes, visando à adequação ao objetivo desenhado — o benefício de uma determinada população, de modo a torná-la independente e autônoma.

A ideia de solidariedade feminista reside no equilíbrio entre as diferentes partes, na interseção entre as diversas formas de experienciar a feminilidade e nas interseccionalidades que permeiam as diferentes vivências femininas, tais como contextos sociais e políticos, classe e etnia (Mohanty, 1988). Por isso, um dos principais esforços empreendidos em minha pesquisa de doutorado, e neste livro, é o de realizar uma análise feminista e pós-colonial que contribua com a revisão dos pilares do que se entende hoje como Análise de Política Externa, Cooperação Internacional para o Desenvolvimento e Política Externa Feminista. Posso afirmar que esses conceitos, quando aplicados de maneira acrítica, tendem a reforçar processos de vulnerabilização de mulheres, crianças, pessoas LGBTQIA+, negros, indígenas e tantas outras realidades que este estudo, dada a sua óbvia limitação, não é capaz de alcançar.

Com este livro, espero conseguir contribuir com o processo de (re)pensar as lógicas que regem as relações sociais internacionais por meio da ação, iniciado há muitos anos pelos feminismos pós-coloniais do Sul Global. O desafio assumido de construir um método analítico que se pressupõe coletivo e adaptável, que reforça a importância de trabalhar com evidências sobre as realidades dos mais variados contextos, reforça os protagonismos de países e sujeitos os quais seus processos de vulnerabilização sustentam a atual ordem mundial.

É válido sublinhar que as perspectivas e evidências empíricas descritas ao longo dos capítulos deste livro fornecem suficiente capacidade instrumental e analítica para desvelar os processos estruturais das lideranças normativas e das práticas de CID mantidas sob o escopo de uma PEF. É importante enfatizar que uma política feminista não é somente a inclusão de mulheres em espaços de poder, mas a articulação para que tenham capacidades culturais e materiais para o exercício do poder, bem como romper com o olhar binário sobre a igualdade de gênero. Por isso, promover políticas de igualdade de gênero não é, necessariamente, sinônimo de práticas feministas.

É compreensível que algumas leitoras e leitores possam considerar esses pressupostos excessivamente críticos e assertivos, especialmente em um contexto no qual os movimentos feministas estão constantemente sob ataque. Reconheço que, dada a forma como o mundo está estruturado e, principalmente, como as relações internacionais são configuradas, tem havido um posicionamento favorável aos feminismos e à igualdade de gênero como ferramentas de combate ao avanço da extrema direita – visto que são temas diretamente atacados por representantes dessas ideologias.

Portanto, é compreensível que governos que busquem manter sua imagem de democráticos busquem por se associar pelo poder simbólico, material e cultural que o *branding* feminista tem promovido. Mas o receio de muitas pesquisadoras e pesquisadores que atuam na investigação deste tema é que sejam meras estratégias comunicacionais e de valoração de um determinado governo e não, necessariamente, de resistência aos avanços antigênero e antidemocráticos. Por isso, considerei desenvolver uma ferramenta que eu acredito servir como um instrumento para que os analistas de política externa, especialmente feministas, questionem os processos institucionais e a construção da coesão social na ordem mundial atual.

Se as Análises de Política Externa contribuírem para legitimar a perpetuação desse ciclo de cooptação das demandas sociais como mecanismos de aprovação dos governos, a realidade do regime de gênero permanecerá fiel ao apontamento de Simone de Beauvoir de que basta uma crise política, econômica e religiosa para que os direitos das mulheres, e os feminismos, sejam questionados. Esse é precisamente o cenário que se desencadeou na Suécia em 2022, com a eleição de um governo que se pode classificar mais à extrema-direita, e a retirada do país do circuito da PEF. Ainda assim, é crucial ressaltar o valor da iniciativa do governo social-democrata sueco ao anunciar uma Política Externa Feminista em 2014, bem como dos demais países que seguiram essa abordagem nos últimos anos. Meu objetivo aqui não é realizar uma crítica simplista e desmistificar esse processo conduzido pela Suécia, mas conduzir uma análise que contribua para avançar além do que já está estabelecido, possibilitando a elaboração de uma PEF que transcenda as histórias contadas pelos governos que se nomeiam como tal, e se torne uma política de Estado.

PARTE I.

QUANDO A POLÍTICA EXTERNA ENCONTRA OS FEMINISMOS

Não é novidade que o tema da política externa é central na elaboração das relações internacionais, e na forma como a ordem mundial é estruturada em cada período histórico. Autoras e autores de diversas correntes teóricas da disciplina abordaram o conjunto de objetivos políticos dos Estados e governos concedendo centralidade a atores e ações específicas de acordo com suas percepções particulares a respeito do sistema internacional (Soares de Lima, 2000; Pinheiro; Milani, 2013; Hill, 2003; Hudson, 2007). Enloe (1993) já argumentava que o sistema internacional era composto por indivíduos, não somente entidades governantes que legislam sobre os temas, e, nesse sentido, o olhar dos feminismos sobre as temáticas de política externa contribuem para lançar atenção aos atores e temáticas que tradicionalmente foram eleitos para não estar no protagonismo da elaboração de ação exterior dos países.

Por um longo período histórico, a ideia vigente era de que a boa política externa deveria estar em acordo com os interesses nacionais, que só eram conhecidos por aqueles autodenominados como verdadeiros estadistas, capazes, portanto, de interpretar a vontade nacional e traduzi-la em uma ação exterior. Com as mudanças globais e a inclusão da tradição estadunidense nas relações internacionais, foi aberta a "caixa preta" do Estado, fazendo com que a política externa passasse a ser correlacionada às políticas domésticas, além de presumir uma ampliação dos atores envolvidos nos processos com variados graus de influência (Soares de Lima, 2000; Braga, 2018). Visões mais pluralistas ascenderam às relações internacionais e ideias sobre a atuação de ONGs, organismos multilaterais, atores sociais domésticos e os próprios sistemas políticos dos países passaram a ser mais aceitos e analisados.

Nesse espectro, passou a existir uma argumentação em torno da correlação da política externa como política pública. Milani e Pinheiro (2013) esclarecem que houve também uma ampliação das agendas temáticas para além da segurança e diplomacia, o que retirou, em alguma medida, o protagonismo unificado dos órgãos específicos de relações exteriores e agregou congruência com legislativos e outras agências governamentais, bem como ministérios e secretarias com certo grau de autonomia no estabelecimento de políticas exteriores. Com isso, passaram a ser incluídas as agendas tradicionalmente descritas como de baixa política, como direitos humanos, cooperação, cultura, turismo e outras.

Mas é importante esclarecer que a política externa, embora seja uma política pública, apresenta uma característica distintiva que a separa das demais: sua implementação ultrapassa as fronteiras estatais, o que cria uma certa distância entre os objetivos almejados e os resultados alcançados[3] (Salomon; Pinheiro, 2013). Embora sua implementação ocorra além das fronteiras estatais, a política externa é tanto resultado quanto impulsionadora dos arranjos institucionais e burocráticos domésticos, além de influenciar as articulações políticas internas em várias dimensões.

A redefinição das fronteiras entre o doméstico e o internacional tornou o debate e as práticas mais plurais. Contudo, apesar da crescente e rica argumentação sobre política externa como política

---

[3] Um parêntese vale ser aberto. As autoras sublinham muito bem esse distanciamento existente entre aquilo que uma política se propõe a realizar e o que de fato realiza. Obviamente diversas são as variáveis capazes de incidir nesse meio do caminho entre o desenho e a realização da política. Mas, por outro lado, é evidente também o jogo de barganha sob o qual o sistema internacional é estruturado. E, ainda que tenha havido esse movimento em torno da ampliação dos temas e atores da política externa, esta ainda é compreendida como alçada do alto escalão dos Estados. Mantém-se à sombra desse "dom" relegado aos estadistas, diplomatas e ministros para exercício de influência na política externa. As ideias sob as quais as instituições de política externa dos países foram fundadas, ainda reconhecem na opinião pública um temor, o que favorece o afastamento entre a ideia e a prática. Essa reflexão será retomada nos próximos capítulos para pensar em que medida os feminismos e a nova mudança da estrutura histórica que rege a política externa, têm sido capazes de encurtar esta lacuna entre as normas e as práticas.

pública, é imprescindível reconhecer que os estudos ainda não se aliaram à ascensão das questões das mulheres e gênero nas relações internacionais. O processo de incorporação da pauta das Teorias Feministas nas Relações Internacionais fora tardio e restrito, sendo este tema visto ao longo dos anos como baixa política e militância. Ainda que com uma paulatina pluralidade, os aspectos estruturantes do sistema internacional possibilitaram confirmar a ideia de que "[...] a política internacional é uma esfera masculinizada, em que as vozes das mulheres são consideradas inapropriadas" (Tickner, 1992, p. 3). O processo de questionamento dessa verdade considerada como absoluta revela uma possibilidade de mudança fundamental na compreensão tradicional do exercício do poder e, consequentemente, na forma como os fenômenos sociais podem e devem ser analisados (Souza, 2014).

O QUE CONTRIBUIU PARA A SUÉCIA DAR O PRIMEIRO PASSO E ANUNCIAR A PEF?

Considerando que até 2014 as questões de gênero foram tratadas no e pelo sistema internacional a partir dos instrumentos clássicos normativos, majoritariamente derivados das Nações Unidas (Cedaw, Resolução 1325 e Agenda 2030), é importante compreender o processo que levou ao surgimento da PEF enquanto ação exterior formalmente nomeada e que tenha sido absorvida por tantos países ao longo dos anos. No começo da minha pesquisa, talvez por já assumir a ideia de que política externa é política pública, eu senti imediatamente a necessidade de compreender sobre os processos domésticos que levaram a Suécia a anunciar a PEF. Isso porque até aquele momento, 2019, tudo o que eu lia estava muito atrelado à descrição da ação exterior e do governo feminista social-democrata, e não consegui acessar materiais que apresentassem algum indicativo sobre o papel da sociedade civil e/outros atores domésticos que tenham contribuído para a imagem do país como "amigo das mulheres" e para a adoção do feminismo como paradigma de um governo.

A minha ida à Suécia me auxiliou muito no acesso à bibliografia específica sobre os movimentos feministas nórdicos, bem como as interações e conversas com estudiosas do tema. Por isso, considero que este capítulo é uma oportunidade valiosa para compartilhar as informações que pude coletar, e, assim, contribuir para uma compreensão mais abrangente do processo de instauração da primeira PEF. Isso porque acredito fortemente que todos os processos de adoção da PEF nos últimos 11 anos são, em alguma medida, derivados da proposta sueca — seja na adoção completa, ou na crítica. Dessa maneira, analisar a PEF como um processo livre de interesses, sem constrangimentos políticos, sem embates e debates sociais soa, no mínimo, divergente de tudo o que se compreende como metodologia feminista.

É também interessante incluir a Suécia no contexto da região na qual está localizada. Isso porque, como verão a seguir, esse processo feminista teve início há um bom tempo e contribuiu para a identificação do grupo de países nórdicos como sinônimo de igualdade de gênero. O que em alguma medida facilitou o papel do governo sueco em assumir a PEF, ao menos no sistema internacional, e a aderência por parte de seus parceiros bilaterais e multilaterais.

Ao longo da história recente, os países nórdicos se consolidaram nos primeiros lugares dos mais diferenciados *rankings* internacionais de medição de qualidade de vida, nível de felicidade e igualdade de gênero (Andre; Bourrousse, 2017). Essa presença internacional da Dinamarca, Finlândia, Islândia, Suécia e Noruega é, em parte, resultado de uma organização estatal em torno do estabelecimento do Estado de bem-estar social. Principalmente em razão das duas Guerras Mundiais, países como Inglaterra e Alemanha passaram a desenvolver estratégias para mitigar os impactos econômicos e a escassez de mão de obra no mercado de trabalho. De acordo com Freitas (2014), é possível identificar três modelos de bem-estar social implementados na Europa: a) conservador, no sentido de que manteve as estruturas sociais do pré-guerra; b) outro de cunho mais liberal, provendo políticas sociais que fortalecesse os mercados; e, por fim, o que o autor identifica como perspectiva dos países nórdicos, c) o Estado de bem-estar social-democrata. Este último possui características específicas por ter buscado transformar as estruturas sociais que ocasionam crises econômicas, mas também fortalecer o mercado como forma de prover uma melhoria da qualidade de vida da população (Freitas, 2014). Esse aspecto caracteriza esse modelo como universalista, no sentido que busca o incremento da vida social e econômica da população como um todo[4].

A estrutura histórica específica da Escandinávia, bem como a localização geográfica, estabeleceu um padrão de bem-estar social típico para a região, ainda que cada país com suas particularidades. O bem-estar social-democrata recebeu influência da teoria keynesiana, na qual há um fomento para a atuação do Estado como ator que estimula o pleno emprego e a economia por meio de políticas públicas sociais. Todavia, é importante destacar que a manutenção dessa forte presença do Estado gera um custo elevado aos governos, por isso, as políticas sociais visam garantir o pleno emprego para que a tributação seja capaz de sustentar os serviços públicos ofertados a toda população nacional. Assim, além de terem partido da preocupação com a integração da população adulta ao mercado de trabalho, os países nórdicos passaram a estabelecer políticas tendo em vista a família como ator central da distribuição de renda e dos benefícios públicos (como saúde e educação).

A relação estabelecida entre os Estados escandinavos e suas populações é descrita como positiva e construtiva, a partir de uma descentralização do poder e da construção de decisão coletiva nos espaços locais (Kuhnle; Hort; Alestalo, 2017). No escopo de

---

[4]   Esta ideia de todo está ligada à população nacional, ou seja, não leva em consideração os migrantes. Isso se dá pela ideia de identidade de igualdade de gênero sueca que estabelece uma relação com as hierarquias patriarcais de gênero e indicam uma relação cultural. Ann Towns (2002) apontou que houve várias reportagens na Suécia estabelecendo uma correlação entre a diferença cultural dos migrantes e a existência de violência de gênero entre eles, ainda que vivessem na Suécia. Esse debate sobre a identidade sueca será apresentado mais adiante. Esta ressalva se deu com o objetivo de sublinhar que esse universalismo sueco de igualdade de gênero em seu território também possui um grau de nacionalismo.

igualdade social, a questão de gênero tem sido uma das linhas de atuação mais fortes na região. O reconhecimento por parte de organismos, como a OCDE, de que a Escandinávia é a melhor região para ser mulher está associado, entre outros aspectos, aos elevados níveis de paridade de gênero no mercado de trabalho, bem como a existência de licenças parentais.

Para além dos regimes políticos, os partidos políticos nacionais também importam e determinam a disponibilidade ideológica no estabelecimento de um determinado grau de inclusão de igualdade social e, consequentemente, de igualdade de gênero (Mota; Campos, 2019). Os movimentos feministas escandinavos ganharam força de incidência na formulação de políticas para participação no mercado de trabalho em razão da abertura fornecida pelos partidos social-democratas e adoção de políticas redistributivas, destinadas a atenuar as diferenças de classe[5] (Borchorst; Siim, 2008).

As décadas de 1970 e 1980 foram definidas na Escandinávia como período em que se observou uma paixão pela igualdade, sendo possível identificar os países como "amigos das mulheres" na elaboração das políticas sociais. Essa "amizade" com o movimento feminista e as mulheres, em geral, refletiu também no âmbito institucional, por meio da atuação feminina no interior dos próprios partidos políticos (Hernes, 1987). Um Estado amigo das mulheres, segundo Helga Hernes (1987), seria um Estado favorável ao relacionamento natural das mulheres com seus filhos, seu trabalho e sua vida pública, que não forçava escolhas mais difíceis para as mulheres do que para os homens. Na concepção da cientista política, as mulheres continuariam a ser mães, mas não teriam que escolher um futuro que exigisse maiores sacrifícios delas do

---

[5] Mendel e Semyonov (2006) argumentam que houve uma facilitação do acesso das mulheres ao mercado de trabalho, mas não às posições de poder. Dada a forte atuação estatal, as visões críticas defendem que houve uma intensa intervenção na criação de postos de trabalhos no serviço público para as mulheres, mas atrelados à ideia de feminização da carreira, como houve na esfera do cuidado (cozinheiras, professoras, enfermeiras), impactando no valor da renda das mulheres. Por outro lado, as políticas de licença parental (de até 15 meses em alguns Estados) contribuíram para o reforço de uma marginalização da empregabilidade feminina no setor privado e, por conseguinte, como lideranças de empresas, favorecendo a presença masculina e o fomento da renda dos homens.

que o esperado dos homens. Esse advento teria sido possível na região nórdica porque as fronteiras entre o público e o privado haviam sido diluídas em razão da promoção de políticas públicas sociais (Hernes, 1987).

A partir dessa perspectiva de aproximação entre o Estado e os direitos das mulheres, Hernes[6] (1987) foi mais adiante e estabeleceu a ideia de *State Feminism*. Seria um feminismo de cima, na forma de igualdade de gênero e políticas sociais e a feminização de profissões relevantes ao Estado de bem-estar social, combinado com o feminismo de baixo, por meio da mobilização de mulheres em atividades políticas e culturais. Para Borchorst e Siim (2008), essa definição enfatiza a agência política das mulheres em sua capacidade de mobilização e representação e constrói as políticas de redistribuição como instrumento para ganho de justiça social, subestimando a centralidade das diferenças culturais e do reconhecimento oficial da diferença cultural.

O Estado é amigo das mulheres escandinavas a partir de uma compreensão de demandas no contexto familiar e atuação social e política vinculadas à maternidade. A esfera do cuidado na provisão das políticas é mantida, reforçando o regime de gênero e as condições estruturantes de padrões de opressão das mulheres. O que se entende, até certa medida, é que esse feminismo oriundo das políticas de bem-estar social foi estabelecido a partir de uma perspectiva homogênea e determinada sobre o papel social feminino, o que fomenta a ideia do paradoxo do Estado de bem-estar

---

[6] Yvonne Hirdman (1996) foi uma das primeiras autoras a tecer críticas a essa perspectiva de Helga Hernes no sentido de que compreendia que o sistema de gênero atuava por meio da segregação e da hierarquização dos gêneros, favorecendo a manutenção das mulheres em posição de inferioridade em relação aos homens. Ademais, outras autoras ressaltaram também que a grande problemática dessa definição de Hernes (1987) está no sentido de que parte de um caráter homogeneizante dos desejos e estima das mulheres. A compreensão de interesses comuns das mulheres e a disponibilidade e habilidades de influenciar políticas tornou-se um conceito central sobre o feminismo de Estado escandinavo, revelando que a representação não depende apenas da mobilização política dos cidadãos e da estrutura de oportunidades políticas, mas também dos quadros teóricos. Esse modelo negligencia a discriminação e marginalização de determinados grupos de mulheres que não têm acesso a esse espaço político de mobilização, ignorando a intersecção entre classe, raça e etnia na disponibilidade de mobilização junto ao Estado (De Los Reyes, 2003).

social nórdico (Ellingsaeter, 2013). De acordo com reflexões críticas sobre a igualdade promovida pelo Estado de bem-estar social-democrata, a segregação de gênero está atrelada à essencialização do gênero, ou seja, a controvérsia dessas políticas consiste exatamente nos resultados que promovem.

Existem análises feministas que apontam para o fato de que o universalismo dessas políticas não é real, uma vez que nem todas as pessoas se encaixam no papel de assalariado, que é categoria-chave para o recebimento dos melhores benefícios. Para Tanhua (2020), essa norma pode ser descrita como branca, masculina, de classe média e sem deficiência. Um feminismo de Estado, de acordo com a pesquisa de McBride e Mazur (2010), seria o grau em que as agências de políticas femininas estabelecem alianças com movimentos de mulheres e ajudam-nas a obter acesso a arenas políticas e atingir seus objetivos políticos. Para Sandaji (2018), o único espaço no qual as mulheres nórdicas, de certa forma, conseguiram quebrar o "teto de vidro" foi na política. Uma vez que o movimento feminista teve sucesso em pressionar para a representação política das mulheres, favorecendo, assim, ao que McBride e Mazur (2010) indicaram sobre as capacidades de os Estados estabelecerem perspectivas feministas em termos de governabilidade.

O processo de articulação de mulheres de maneira organizada na Suécia tende a ser apresentado a partir das ações ocorridas no século XIX em torno do sufrágio feminino, e o debate mais hegemônico sobre o ser mulher oriundo dos feminismos liberais. De acordo com Brunila, Duguit e Iovino (s/da), a segunda onda de ativismo político das mulheres suecas aconteceu entre os anos 1960 e 1970, coincidindo com o processo de estabelecimento do bem-estar social-democrata na região da Escandinávia. As associações de mulheres, naquela época, demandavam, além da igualdade de direitos, a igualdade de oportunidades e uma ordem social baseada na equidade de gênero. Esse processo foi identificado por uma importante onda ativista, majoritariamente relacionada ao surgimento do então movimento de nova esquerda sueco.

O movimento de mulheres sueco pode ser visto como um exemplo de que os avanços nas pautas de representatividade feminina no sistema político ocorrem de maneira correlata a movimentos estatais favoráveis, nesse caso o Estado de bem-estar social "amigo das mulheres", somado a mobilização direta de mulheres em organizações políticas e a existência de partidos políticos e um mercado de trabalho responsivo a tais demandas. Brunila, Duguit e Iovino (s/da) acrescentam que "[...] o estabelecimento do Partido Verde e a ameaça potencial da formação de um partido de mulheres, forçaram os partidos do *establishment* a aumentarem seus esforços para atrair mais mulheres como representantes e eleitoras." (Tradução e grifo próprios)[7]. Importante destacar que essa possibilidade de criação do partido feminino foi resultado da mobilização de mulheres durante as eleições de 1994 para incluir a igualdade de gênero no centro do debate eleitoral daquele ano (Towns, 2002). Em janeiro de 2023, a realidade da participação política de mulheres na Suécia correspondia a 46.13% de mulheres no Parlamento (IPU, 2023). Como demonstrado no trabalho de Brunila, Duguit e Iovino (s/da), essa situação foi resultado de um longo processo de articulação em torno do desenvolvimento de reformas sociais e políticas, pressão do movimento de mulheres do país e estratégias de *networking* com os partidos políticos e o governo.

Portanto, foi possível identificar tanto impactos positivos quanto negativos no contexto do Estado de bem-estar social nórdico em termos da promoção da igualdade de gênero que habilitou, em alguma medida, a ascensão de uma política feminista. Por um lado, esse modelo contribui para uma maior participação das mulheres na esfera pública e, em certa medida, para a promoção de uma maior percepção e aderência social à igualdade de gênero. Por outro, no que se refere à esfera do cuidado, as mulheres ainda enfrentam os efeitos da essencialização de gênero.

---

[7] No original: "The establishment of the Green Party and the potential threat of a women's party have forced the establishment parties to increase their efforts to attract more women both as representatives and voters." (Brunila, Duguit, Iovino, s/da. Disponível em: https://www.mv.helsinki.fi/home/holli/01sweden.html).

A BUSCA POR UMA ÉTICA FEMINISTA NA POLÍTICA INTER-NACIONAL SUECA

A partir do período pós-guerra, a Suécia passou a ser vista como um dos países mais modernos do mundo, com o estabelecimento de instituições racionais, incentivo à democracia e uma eficiente solução para os problemas sociais (Towns, 2002) – uma narrativa emocional do *branding* que fomenta a fidelidade e o reconhecimento em torno da temática de igualdade de gênero. Ann Towns (2002) acrescenta que essas ideias pré-estabelecidas a respeito da Suécia como modelo de modernidade e progresso reforçou o desenvolvimento de uma perspectiva de Estado de igualdade de gênero.

A agenda de gênero foi integrada à representação do Estado sueco entre o começo e a metade da década de 1990 (Jezierska; Towns, 2017), antes desse período, a igualdade de gênero e os direitos das mulheres não eram tidos como prioridade no debate político sobre a agenda internacional do país. Naquela época, a política externa foi tomada por esse discurso de maneira mais consistente, "antes de 1995, a igualdade de gênero havia sido mencionada apenas três vezes na declaração anual de política externa do governo sueco. Desde 1995, este tema passou a ser discutido em todas as declarações" (Towns, 2002, p. 162, tradução própria)[8].

Uma das principais articulações feitas pelo governo sueco em torno desse *branding* foi a campanha para integrar a União Europeia no ano de 1995. Ann Towns (2002) sublinhou que, no relatório final da associação da Suécia como membro do bloco europeu, foi destacado que junto com os outros Estados nórdicos, os suecos estavam à frente dos demais países europeus em termos do trabalho e articulação para igualdade de gênero. O que significa que foi construída uma confiança por parte dos pares do sistema internacional, estimulando as expectativas sobre

---

[8]   No original: "Prior to 1995, gender equality was only mentioned three times in the Swedish government's annual foreign policy declarations. Since 1995m it has been discussed in every such declaration." (Towns, 2002, p. 162).

os avanços políticos na agenda de gênero e fomentando a coesão da narrativa de "Estado amigo das mulheres". Outro evento internacional importante para esse processo de elaboração de um paradigma feminista por parte dos suecos, foi o avanço do debate sobre mulheres na ONU, e, especificamente a década da mulher e a criação da Cedaw (Jezierska; Towns, 2017). A Suécia também recebeu um prêmio como o Estado com mais igualdade de gênero na Conferência de Pequim em 1995.

No que tange ao espectro doméstico, é relevante ressaltar a importante mobilização ocorrida nas eleições de 1994 – como mencionado anteriormente. O resultado de um elevado número de mulheres eleitas para o Parlamento é indicado, por Ann Towns (2002), como valioso aspecto dos processos de inclusão da igualdade de gênero na política externa sueca ao longo dos anos subsequentes.

> A nomeação inicial e discussão da Suécia como um estado progressista e de igualdade de gênero ocorreu sem qualquer noção intencional de iniciativas de propaganda [...] Propaganda na Suécia é um sonho utópico para os liberais progressistas [...] Igualdade de gênero e, em menor grau, os direitos LGBTQ, são pilares centrais nesta história. De fato, a igualdade de gênero está incluída em todos os documentos estratégicos sobre a marca da nação. (Jezierska; Towns, 2017, p. 58, tradução própria)[9].

Contudo, existe um paradoxo dessa articulação do *branding* sueco em torno da igualdade de gênero (Towns, 2022). Como apontado na seção anterior, a questão relacionada à implementação do Estado de bem-estar social também vivia sob uma controvérsia, que era a questão da participação de mulheres no mercado de trabalho,

---

[9] No original: "The initial naming and discussion of Sweden as a progressive, gender-equal state took place without any intentional notion of branding initiatives [...] Brand in Sweden is a utopian dreamscape for progressive liberals [...] Gender equality, and to a lesser degree LGBTQ rights, are central pillars in this story. Indeed, gender equality is included in all of the strategic documents on nation branding." (Jezierska; Towns, 2017, p. 58).

o que não foi diferente na Suécia. No momento de publicação do trabalho de Towns (2002), havia uma expressiva desigualdade de gênero no setor de indústria sueco com 80% de empregados homens e na carreira de engenharia com 75%, enquanto 93% dos trabalhadores da área de enfermagem e 96% da educação pré-escolar eram mulheres. De acordo com uma pesquisa que analisou o mercado de trabalho sueco no ano de 2016, essa realidade não foi modificada, uma vez que as mulheres seguiram atuando no mercado de trabalho majoritariamente em carreiras ligadas à esfera do cuidado, como enfermeiras, professoras da pré-escola, trabalhadoras domésticas e o setor de cuidados geriátricos (Statista, 2018).

Apesar dessa discrepância, o Estado sueco, desde a década de 1990, estabeleceu a sua identidade como parte da comunidade internacional em torno de uma imagem e narrativa de modernidade e da igualdade de gênero, sustentando assim a ideia do paradoxo. Ann Towns (2002) definiu como um Estado que se coloca como ideal para os demais países, assim, a Suécia se apresenta como um ator com uma certa obrigação moral de atuar em torno do combate às lacunas de desigualdade de gênero internacionalmente, no sentido de ajudar os demais países nesse avanço. Towns (2002) sublinha que dessa identidade surgem as práticas de ajuda externa implementadas pelo país nórdico.

> Como um estado moderno, a Suécia também se via como tendo sido libertada do nacionalismo, com a razão e a racionalidade cambaleando no país. Ao parecer, entendendo-se como a vanguarda em vários aspectos, a Suécia do pós-guerra muitas vezes se apresentou tanto como um ideal para outros estados que não chegaram tão longe em seu processo de maturidade[...] (Towns, 2002, p. 163, tradução própria).[10]

---

[10] No original: "As a modern state, Sweden also saw itself as having been liberated from nationalism, with reason and rationality reeling in the country. In seeming, understanding itself as the avant garde in various regards, post-war Sweden has often represented itself both as an ideal for other states that have not come as far in their maturity process [...]" (Towns, 2022, p. 163.).

Vale destacar que, no sentido de reafirmar essa identidade, diferentes governos suecos atuaram fortemente na temática de igualdade no âmbito doméstico com o intuito de estabelecer normatizações institucionais e fortalecer o consenso da ideia de Estado "amigo das mulheres" para a integração dessas ideias também às agências e à estrutura da política de Estado. Em resumo, diferentes acontecimentos da década de 1990 podem ser listados como elementos constituidores da identidade sueca como feminista: a) as eleições de 1994, que foram largamente centradas na agenda de igualdade de gênero; b) a associação como país membro da União Europeia em 1995; c) a premiação da Suécia como o país com mais igualdade de gênero na Conferência de Pequim, também em 1995; d) e a mobilização das ferramentas oriundas da criação da Cedaw e da atuação da ONU na agenda, por exemplo *Gender Related Development Index* (GDI) e *Gender Empowerment Measure* (GEM).

Esses, e outros, processos contribuíram para o estabelecimento de normativas institucionais que foram traduzidas em narrativas em torno da percepção da desigualdade de gênero como um problema social diretamente ligado às estruturas de poder que reproduzem hierarquias de gênero simbólicas e materiais (Languasbraken, 2018). E, assim, os planos de ação da Suécia para igualdade de gênero, formulados nos períodos eleitorais de quatro anos de cada governo, refletem tais perspectivas e valores.

A identidade da igualdade de gênero sueca, bem como a perspectiva de enfrentamento da temática como um problema social, ficou mais evidente no governo social-democrata em coalizão com o Partido de Esquerda e o Partido Verde. No governo do Primeiro-Ministro Stefan-Lofven, entre 2014 e 2021, além de serem desenvolvidas políticas nomeadamente feministas, a estrutura burocrática do governo também passou a favorecer uma busca pela equiparação quantitativa entre homens e mulheres. Metade dos Ministérios foram liderados por mulheres, o orçamento para políticas que envolviam igualdade de gênero foi ampliado, a integração de gênero nas Agências Governamentais foi expandida, e, em 2018, foi criada a *Swedish Gender Equality Agency,* objetivando a implementação de uma nova agenda política. Segundo Stefan-Lofven, o governo sueco foi feminista e tinha como princípio a difusão de uma estratégia nacional de 10 anos para prevenir a desigualdade de gênero e a adoção de uma política externa feminista era parte deste projeto (Chamy, 2015).

O Departamento de Coordenação da Agência de Igualdade de Gênero[11] informou, em consulta para a minha pesquisa doutoral, que a principal diferença que pode ser observada no processo de avanços do governo social-democrata foi a nomeação do governo feminista em um sentido de estratégia de propaganda política. De acordo com as informações fornecidas, o termo feminista tem uma carga mais política e de caracterização de um dado governo, enquanto a ideia de igualdade de gênero representa mais a sociedade sueca.

Em 2014, a então Ministra de Relações Exteriores do país, Margot Wallstrom[12], anunciou que a política que guiaria sua pasta seria feminista, levantando especulações a respeito do conceito e das ações que dirigiriam o governo dali em diante. O Estado sueco foi o primeiro a definir a agenda de política internacional como feminista e passou a implementar diretrizes e divulgar resultados da adoção de paradigma ao longo dos anos. A consolidação se deu primeiramente por meio da publicação do *Handbook Sweden's Feminist Foreign Policy* (2018) como uma sinalização das alterações estruturais necessárias para a adoção de uma política externa de viés feminista, que delimitou a forma como o governo buscou institucionalizar as práticas e narrativas no Ministério de Relações Exteriores e nas políticas realizadas pelo país a nível internacional e doméstico. Essas ações foram formalizadas pelo informe *Power,*

---

[11] Entrevista concedida em razão da investigação desenvolvida para a elaboração da Tese na qual este livro se baseia. Zoom, 16 de janeiro de 2023.

[12] Foi também Comissária Europeia para o Ambiente (1999-2004), Primeira Vice-Presidente da Comissão da União Europeia (UE) (2004-2010), Representante Especial da ONU para a Violência Sexual em Conflitos (2010-2012) e Ministra da Cooperação Nórdica da Suécia (2016-2019). É cofundadora do Fórum das Mulheres sobre Afeganistão e do grupo interinstitucional de mulheres da UE. Em 2023 presidia o painel de especialistas internacionais que orienta a iniciativa Meio Ambiente da Paz no Sipri.

goals and agency – a feminist policy for a gender equal future (2016), que propôs quatro objetivos: a) distribuição igualitária de poder e influência; b) equidade econômica; c) divisão igualitária do trabalho doméstico gratuito; d) fim da violência do homem contra a mulher.

> A Suécia tem um governo feminista. A política de igualdade de gênero do governo é baseada no objetivo geral de que mulheres e homens tenham o mesmo poder de moldar a sociedade e suas próprias vidas. A igualdade de gênero é uma questão de justiça e uma parte importante da construção da sociedade. A igualdade de gênero também contribui para o crescimento econômico, aproveitando o potencial das mulheres e dos homens. (Sweden, 2018, p. 18).

Por uma via do feminismo liberal, a Suécia baseou sua atuação internacional e doméstica no chamado "Princípio dos três 'R'". O primeiro referente a direitos (*rights*, em inglês) teve como objetivo a promoção plena do usufruto dos direitos humanos por mulheres e meninas, compreendendo como ação o combate de todas as formas de violência e discriminação que impedem a liberdade de ação. O segundo R indicava representação (*representation*, em inglês), fomentada a partir do reconhecimento da necessidade de participação de meninas e mulheres nos processos de tomada de decisão em todos os níveis e áreas, e busca o diálogo com representantes de mulheres em todos os níveis, incluindo a sociedade civil. O último 'R' de recursos (*resources*, em inglês), sublinhando que uma perspectiva feminista da política externa busca garantir recursos para a promoção de igualdade de gênero e de oportunidades para todas as meninas e mulheres (Sweden, 2018).

A política internacional feminista do país teve o enfoque principal na agenda de Segurança, de modo a garantir a participação feminina igualitária como mecanismo de construção da paz. Para essa prática, a Resolução 1325 do Conselho de Segurança da ONU foi tomada como base para que o Estado sueco estabelecesse o compromisso nessa agenda e desenvolvesse políticas junto aos demais atores da arena internacional. A partir da compreensão de que as mulheres e meninas deveriam integrar os processos de construção de paz e espaços de tomada de decisão na agenda de segurança, o país expandiu a ética feminista para outras áreas, mas sempre garantindo que a perspectiva de segurança tangenciasse os debates. Em 2022, com a eleição do governo de extrema direita, a PEF sueca foi cancelada.

O ADVENTO DA POLÍTICA EXTERNA FEMINISTA: O QUE MUDOU?

Nancy Hustons (1992), Cynthia Enloe (1993) e demais autoras dos feminismos argumentaram sobre a necessidade de modificar a compreensão tradicional das Relações Internacionais e sobre o que é política externa, ampliando o espectro de atores ativos e impactados nos processos políticos para além dos soldados, diplomatas e estadistas, incluindo, assim, pessoas comuns e como elas estabelecem relações com os Estados e com os processos internacionais. Pode-se argumentar que essa mudança na chave de análise foi advento da inserção formal das Teorias Feministas nos estudos da disciplina de Relações Internacionais, aproximadamente na década de 1980, que passou a defender a urgência em superar a visão tradicional e reducionista do poder e redefini-la a partir de enfoques mais criativos e inclusivos. E, assim, compreendê-la como a capacidade dos indivíduos de trabalhar em conjunto para a consecução de fins comuns (Ruiz-Gimenez, 2000).

Considero, portanto, que a elaboração de uma política externa que se propõe como contraponto à perspectiva masculinizada das relações internacionais e ao regime de gênero da estrutura histórica internacional é um passo na direção de uma desconstrução das relações entre Estados como práticas patriarcais e opressoras para sujeitos que não se identifiquem com o padrão heteronormativo de masculinidade. A elaboração da Política Externa Feminista pode ser lida como alternativa nesse processo, pois muda a perspectiva em relação à política externa tradicional ao colocar o indivíduo no centro da narrativa como principal referência para a promoção de segurança humana contra a fome, as doenças, os crimes e a repressão (*Centre for Feminist Foreign Policy*, 2019).

A adoção da palavra feminismo para definir uma política externa não deveria ser apenas a mudança de uma nomenclatura, uma vez que se apresenta como uma atuação em direção de políticas controversas no sentido de que age na contramão do consenso global, e busca renegociar hierarquias de poder do gênero que definiram a política internacional e instituições de política externa ao longo do tempo (Aggestam; Rosamond, 2016). Há também uma reorientação das normas de justiça, paz e segurança que regulam essa modalidade política. Contudo, é preciso ressaltar que ao compreender a PEF como uma forma de integrar as questões de gênero de maneira igualitária via diálogo e cooperação, sugere-se questionar também os espaços e as estruturas nos quais se buscam abrir acesso às mulheres, como também pessoas LGBTQIA+, visto que ao não remodelar a ética da política externa tradicional e seus mecanismos, podem-se reproduzir desigualdades.

A definição de Política Externa Feminista tem perpassado incontáveis debates na academia internacional. O artigo referência para qualquer estudo sobre o tema é o de Aggestam e Rosamond (2016), quando trataram da PEF por uma perspectiva ética. Nessa visão, a PEF que fosse diferente de uma política externa tradicional se afastaria das práticas e dos discursos orientados para a elite tradicional em busca de uma estrutura política que seja guiada por princípios normativos e éticos. Dessa maneira, haveria uma orientação normativa guiada por uma estrutura eticamente informada e baseada em normas cosmopolitas de justiça e paz global. Se argumenta em torno da existência de uma solidariedade, muito ligada à Escola Inglesa da Teoria das Relações Internacionais, na qual é adotada uma perspectiva de justiça cosmopolita (Robson, 2019).

Em um outro trabalho de 2018, Aggestam *et al.* prosseguiram com esse argumento, indicando que uma PEF em si mesma é ética, no sentido de que coloca no centro das análises temas que foram tradicionalmente excluídos pela política internacional, justamente por serem centrados em uma herança realista em torno das agendas estatais e do Estado em si como ator unitário. As autoras reconhecem que as premissas dos debates sobre uma política externa ética ignoram as questões relacionadas a gênero, mas defendem que isso pode ser corrigido por meio da teorização da PEF. Lançam mão das Teorias Feministas das Relações Internacionais por acreditarem que oferecem oportunidades para focar os papéis que as mulheres podem desempenhar no sistema internacional (Aggestam *et al.*, 2018). Uma importante contribuição desse texto é que as autoras sublinham a importância da ética do cuidado no sentido de realizar uma análise crítica da extensão em que uma PEF se baseia na localidade das pessoas que a recebem.

Fiona Robson (2019), por sua vez, argumenta que uma visão cosmopolita liberal da política externa feminista pode reproduzir relações de poder já existentes, incluindo as de gênero e os modelos de dominação ocidental. Todavia, chega ao mesmo ponto das autoras anteriores ao defender uma ética feminista crítica do cuidado que ofereça uma transformação potencialmente radical da ética como base para um feminismo transnacional. Ou seja, deve revelar e perturbar a ordem binária de gênero que constitui o internacional, além de expor as formas pelas quais as ordens patriarcais têm mantido ao longo da história políticas hierárquicas que impedem a construção da empatia no sistema internacional.

Nesse trabalho, Robson (2019) percorre um caminho um pouco mais crítico do que Aggestam *et al.* (2018), no sentido de demonstrar como as lógicas binárias da Teoria Realista – por exemplo, universal *versus* particular, realismo *versus* idealismo – são reproduzidas pela ética da política externa. Já que quando se iguala o ético ao cosmopolita, a chamada Política Externa Feminista pode reificar e reproduzir uma ordem mundial mantida por relações de poder nas quais o capitalismo se entrelaça ao patriarcado a partir de uma lógica racista e neocolonial. Por isso, a autora entende haver o risco de que a PEF seja mobilizada estrategicamente e ligada a um conceito universal da ética. Nesse caso, a ética como conceito universal é, em última análise, antiética à crítica do feminismo transformador, pois o que torna a ética feminista ética não é o seu posicionamento em relação ao debate da universalidade, mas sua capacidade de apresentar a violência epistêmica e física que é perpetrada por estruturas binárias constitutivas de gênero.

Em suma, para Fiona Robson (2019), o debate em torno de uma PEF está justamente na questão de sua definição ética e de como se coloca na estrutura já existente. Uma vez que o posicionamento discursivo e normativo da política externa feminista como política externa ética não deveria ser um movimento difícil de se fazer (Robson, 2019). Na perspectiva da autora, os binários de gênero são formadores das linguagens e das práticas da política internacional. Contudo, paradoxalmente, é justamente a política externa ética que eleva a importância dos direitos humanos, por exemplo, ou que subordina os ganhos materiais aos direitos em emergências humanitárias, mas sempre sob uma perspectiva paternalista da ideia de "salvar" o outro (Robson, 2019). Assim, a PEF estaria em constante tensão com os binários de gênero que conformam a política externa por definição. Ainda que seja ética e, portanto, feminina, ao mesmo tempo é protetora e paternal, logo masculina (Robson, 2019). Para a autora, a sugestão seria a ética do cuidado como maneira de informar a política externa feminista com o objetivo de desafiar e não reforçar os binários de gênero.

Seguindo esse esforço para definir a Política Externa Feminista, outro trabalho de grande relevância é o de Thompson e Clement (2019), que mobilizam uma perspectiva em direção distinta daquela tomada por Aggestam e Rosamond (2016), Aggestam *et al.* (2018) e Robson (2019). Segundo Thompson e Clement (2019), todos os Estados que têm assumido uma PEF se baseiam em normativas internacionais como a Conferência de Pequim, a Resolução 1325 e outros acordos que têm seus padrões focados em realçar o *status* das mulheres e integrar a perspectiva de gênero. Por conseguinte, a argumentação das autoras parte do universo dos anúncios e das PEF existentes para uma definição, e não de uma reflexão teórica. Em uma definição estrita, a PEF seria "a política de um Estado soberano e sua interação com outros Estados soberanos baseadas em teorias políticas, econômicas e a igualdade política, econômica e social dos gêneros, integrada para o avanço dos direitos humanos e interesses" (Thompson; Clement, 2019, p. 6 Tradução própria)[13]. Ou seja, uma política de Estados que priorizam e definem suas ações a partir do enfoque na igualdade de gênero. As autoras acrescentam que o Estado deveria também separar recursos significativos para alcançar essa visão e romper com estruturas patriarcais nos diferentes níveis de influência. Portanto, ter suas políticas informadas por ativistas, grupos e movimentos feministas (Thompson; Clement, 2019).

Todavia é importante sublinhar que nem todas as reações ao tema da Política Externa Feminista foram no sentido de integrá--la e elaborar definições conceituais contundentes que contribuíssem para uma larga implementação. Na visão de Nordberg (2015), incluir a carga normativa do foco feminista nos interesses nacionais era um exercício de experimento idealista, ingênuo e potencialmente perigoso. Críticas como essas resultam da dificuldade em definir precisamente o que deveria ser uma PEF e, ao encontrar interpretações heterogêneas àqueles que são arraigados a conceitos clássicos, tendem a compreender as variações dos feminismos como perigosos para a estabilidade dos Estados e do sistema internacional. Por isso, Martínez (2021) indica que uma PEF desafia a mentalidade realista sobre as relações internacionais, pois essa perspectiva tende a sustentar que uma ordem mantida pela competência e pela anarquia não apresenta oportunidades para sustentar e implementar uma política externa que seja baseada em compreensões éticas ou mensagens emancipatórias como as que possuem os feminismos, principalmente quando se trata da agenda de segurança. Por tanto, defende que PEF é um exercício de contínuo equilíbrio entre uma perspectiva pragmática e um comportamento eticamente informado que coloca a equidade de gênero no centro das reflexões.

---

[13] No original: "[...] la política de un Estado soberano y su interacción con otros estados soberanos basados en teorías políticas, económicas y la igualdad política, económica y social de los géneros, integrada para el avance de derechos e intereses" (Thompson; Clement, 2019, p. 6).

Para Ann Towns (2010), a ordem liberal internacional produziu normas que são favoráveis à ideia de equidade de gênero que não somente projetam modelos de atuação para os países, como os classifica. Ou seja, o nível de acolhimento da perspectiva feminista por parte dos Estados está diretamente associado ao prestígio que ele pode ter no sistema internacional, uma vez que as normas constituem a referência para que os atores globais os identifiquem como países "civilizados". Por isso, pode gerar a ideia de que os países que anunciaram uma PEF o fizeram em busca de uma estratégia legítima para atingir objetivos dentro do sistema internacional, particularmente nas Nações Unidas. Definições que se limitam a apontar características básicas para que uma política externa seja PEF acabam por não lograr um passo adiante na estruturação de uma definição concisa, que reforça um maior comprometimento dos Estados que apenas reproduzem ditames de Acordos Internacionais já existentes.

Alguns trabalhos, principalmente na América Latina, têm buscado lançar ao debate da teorização da PEF análises mais críticas que fundamentam, de fato, o conceito de uma Política Externa Feminista e que seja capaz de avaliar se um Estado reproduz um *standard* internacional sobre gênero numa busca por uma classificação internacional, ou se de fato muda as estruturas tradicionais de uma política externa. Sepúlveda (2021) indica que, a nível institucional, uma PEF é uma ferramenta capaz de derrubar resistências culturais na condução da política externa, principalmente na região latino-americana, que historicamente marginalizou as mulheres em uma posição de receptoras passivas dos esforços de mitigação e assistência internacional.

O argumento da autora lança foco na dimensão estrutural, uma vez que ao encarar a possibilidade de proliferação das PEF, os Estados estarão tensionados por processos de transição muito importantes, posto que implementar uma política feminista envolve uma reorganização da política exterior já desenvolvida e a regulação dos conflitos de interesses econômicos. Um Estado passar a desenvolver políticas feministas por si só não é suficiente para realizar mudanças, nem no nível prático nem no discursivo (Sepúlveda, 2021). "Nesta organização, cada Estado definirá como reorientar suas prioridades e, também, se refinará como se reescrevem nas relações de poder e hierarquia entre o Estado e os seus cidadãos e cidadãs" (Sepúlveda, 2021, p. 4. Tradução própria).[14]

Além desses aspectos, o empreendimento normativo-institucional da PEF deve também questionar o modelo histórico com o qual a política exterior dos países moldou o tratamento prestado às mulheres, limitando-as como agência transformadora. Assim, "é urgente enfrentar a sub-representação das mulheres nos espaços de tomada de decisão na política externa, corrigir a cultura organizacional que não aprofunde as lacunas de gênero e os estereótipos de gênero" (Dominguez; Muñoz; Sepúlveda, 2021 *apud* Sepúlveda, 2021 p. 6, tradução própria)[15]. O objetivo desse processo é conseguir, de fato, fazer com que a igualdade de gênero se torne interesse político e social de um país, o que permitiria a construção de acordos e ações mínimas capazes de promover a mudança básica no campo político e diplomático (Sepúlveda, 2021).

Por fim, desde essa interpretação, uma política externa não se tornará feminista atendendo apenas às questões normativas-institucionais relacionadas à cultura burocrática-organizacional, às práticas diplomáticas e às resistências institucionais. Mas a partir de um enfoque integrador das políticas a nível doméstico, com capacidade de iniciativa diplomática, mas também com a construção de coalizões regionais e globais em torno desse empreendimento.

Um passo mais adiante em torno da apresentação de conceitos que possam ser capazes de definir uma PEF foi dado recentemente por Barbas, Chaves e Lucero (2022). O trabalho revisita definições que têm sido postas como pilares para toda e qualquer pesquisa sobre PEF, e busca refletir à medida que de fato esses conceitos e/

---

[14] No original: "En esta reorganización, cada Estado definirá cómo reorientar sus prioridades y, también se refinó cómo se reescribirán las relaciones de poder y jerarquía entre el Estado y sus ciudadanas y ciudadanos." (Sepúlveda, 2021, p. 4)

[15] No original: "[...] urge enfrentar la subrepresentación de las mujeres en los espacios de toma de decisión en política exterior, corregir una cultura organizacional que no profundice los sesgos y estereotipos de género [...]" (Dominguez; Muñoz; Sepúlveda, 2021 *apud* Sepúlveda, 2021, p. 6)

ou propostas normativas são reflexo da realidade implementada ou do que é capaz, ou não, de incluir as variações que implicam a definição de uma política externa. As definições mais atreladas à mudança da ética da ação exterior parecem tropeçar em um olhar essencialista das mulheres, no qual o sujeito do feminismo está definido por termos biológicos, impedindo, assim, a incorporação de reflexões sobre outras identidades e setores tradicionalmente feminizados e/ou subalternizados. Carecem de críticas estruturais, fazendo com que tais propostas se esgotem na incorporação das mulheres em determinados espaços e na adesão de instrumentos internacionais (Barbas; Chaves; Lucero, 2022).

Essa reflexão complementa a análise que conduzi sobre como os esforços muitas vezes resultam apenas em mudanças superficiais dentro de uma estrutura preexistente. Isso significa manter as práticas institucionais e burocráticas tradicionais do regime de gênero, o que, consequentemente, restringe o potencial de efetivas transformações que poderiam ser alcançadas por meio da colaboração com atores da sociedade civil. Para os autores,

> [...] estas definições são insuficientes para delimitar uma política externa feminista. Porque sua amplitude e imprecisão teórica quase qualquer país pode amparar-se e autodesignar-se como executor de uma política externa feminista. E, ademais, porque esta crença de fórmulas exportáveis· faz com que se perca a importância de considerar a especificidade dos contextos em que a política externa feminista será implementada." (Barba; Chaves; Lucero, 2022 p. 75, tradução própria)[16].

A partir dessa recompilação de algumas das definições desenvolvidas na atualidade sobre o tema, é importante sublinhar o que se entende, neste livro, como Política Externa Feminista.

---

[16] No original: "[...] estas definiciones precedentes resultan insuficientes para enmarcar una política exterior feminista. Porque su amplitud e imprecisión teórica casi cualquier país puede ampararse y autodesignarse como ejecutor de una política exterior feminista. Y además porque esa creencia de fórmulas exportables se pierde la importancia de considerar la especificidad respecto a los contextos donde la política exterior feminista sería implementada" (Barbas; Chaves; Lucero, 2022, p. 75).

Compreendo que as propostas teórico normativas que têm mais espaço no debate atual da agenda carecem de um aprofundamento acerca da ampliação das perspectivas feministas. Afinal, como já amplamente debatido nas páginas anteriores, a diversidade dos feminismos tende a incluir variáveis e categorias relevantes para pensar a realidade de gênero, e se limitar a uma visão restrita aos processos formais perde uma gama de significados, bem como excluí dimensões de violação dos direitos de gênero que ocorrem na esfera do simbólico, por exemplo.

Argumento em torno de uma construção de PEF com capacidades de repensar a ordem mundial vigente e transformadora da estrutura histórica calcada no regime de gênero, e entendo que, na atualidade, pode-se observar dois tipos ideias da Política Externa Feminista. Um está mais na esfera do limite permissível de prática dos feminismos na atual ordem mundial, e acredita-se que descreve aquilo que os Estados têm desenvolvido desde o primeiro anúncio em 2014 e, outro, está na esfera do *dever ser*, como modelo mais próximo do ideal para a PEF, considerando que incida sobre uma mudança da ordem mundial.

Quadro 1 – Conceito de Política Externa Feminista Hegemônica

POLÍTICA EXTERNA FEMINISTA HEGEMÔNICA
Uma Política Externa Feminista é considerada hegemônica quando, embora adote normas que busquem integrar a perspectiva de gênero nas ações exteriores, suas práticas e narrativas acabam por manter a estrutura histórica do regime de gênero vigente na ordem mundial atual.
Essa abordagem, frequentemente, dá pouca importância às perspectivas da sociedade civil organizada, incorporando-as apenas de forma superficial e instrumental, muitas vezes como uma estratégia para obter reconhecimento internacional.
O uso dos feminismos, nesse contexto, se limita a um mero adjetivo (branding) da Política Externa e reproduz ideias coloniais sobre a Indústria do Desenvolvimento e a Cooperação Internacional para o Desenvolvimento (CID), perpetuando uma narrativa de combate à pobreza que não desafia as estruturas de desigualdade.

Fonte: a autora

Quadro 2 – Conceito de Política Externa Feminista Contra-hegemônica

POLÍTICA EXTERNA FEMINISTA CONTRA-HEGEMÔNICA

Uma Política Externa Feminista assume uma abordagem contra-hegemônica ao desafiar a estrutura histórica do regime de gênero dominante na ordem mundial.

Essa abordagem, frequentemente, integra a sociedade civil organizada nos espaços institucionais de debate, de modo a garantir, em alguma medida, a interlocução entre o feminismo de Estado e a multiplicidade de feminismos de um dado território.

O branding, ou adjetivação, está correlacionado à uma ação exterior que visa questionar normas e práticas colonizadoras, buscando a promoção da descolonização e despatriarcalização do sistema internacional.

Além disso, ela incentiva uma revisão crítica da Indústria do Desenvolvimento e da Cooperação Internacional para o Desenvolvimento (CID), com o objetivo de questionar e transformar as relações hierárquicas de gênero e raça presentes nas relações internacionais.

Fonte: a autora

A partir desses conceitos, compreendo ser possível verificar os aspectos que contribuem, na atualidade, um dado governo aplicar a perspectiva feminista em suas estratégias exteriores. Todavia, para lançar luz sobre as fases que envolvem o desempenho de PEF, é interessante que os analistas se ocupem de implementar uma análise feminista dos processos. Para fazer parte dos processos de produção de conhecimento e/ou metodologias investigativas, os feminismos recorrem a processos de validação de sua produção que os coloca, muitas vezes, na exata estrutura do poder/saber que se auto relega à prerrogativa de determinar o conhecimento válido e não válido (Espinosa Miñoso, 2020). Em vista disso, a proposta desta investigação tende constantemente a ser revisitada no sentido de não se apresentar como uma única via de análise crítica e decolonial da PEF, mas construir suas categorias, significantes e significados a partir do que pesquisadores e pesquisadoras da região latino-americana e do Norte Global (com perspectivas decoloniais) estão desenvolvendo sobre a agenda.

Isso posto, para estabelecer um método capaz de ser mobilizado e revisado por outras pesquisadoras e pesquisadores que tenham interesse em realizar estudos sobre a PEF a partir de um olhar do decolonial, foi importante uma leitura aprofundada da proposta de Curiel (2020) sobre metodologias feministas. Além de desglosar e internalizar nesta investigação premissas básicas que devem caminhar em cada revisão, uma vez que "a proposta decolonial propõe um abandono da colonialidade de poder, do saber e do ser, justificativa da retórica da modernidade, do progresso e da gestão democrática 'imperial'" (Curiel, 2020, p. 134):

1. **Reconhecimento e a legitimação de "outros" saberes subalternizados:** é um processo de identificação de conceitos que são elaborados pelos conhecimentos subalternos. Curiel (2020, p;135) usa o termo "desengajamento epistemológico", no sentido de exigir uma "antropologia da dominação", que é compreender as estratégias de discursos que definem grupos sociais como "outros", a partir de determinados lugares de poder. É um processo de etnografia dos conceitos que naturalizamos e utilizamos. Pode ser a partir da criação de novos ou a elaboração de conceitos não hegemônicos a partir das categorias ocidentais;

2. **Problematizar as condições de produção de conhecimentos:** no intuito de definir o processo, Curiel (2020, p. 136) mobiliza a ideia de "economia do conhecimento", elaborada por Cusicanqui (2010), que faz um questionamento sobre a produção do conhecimento a partir da geopolítica com um convite a sair da esfera da superestrutura que opera por trás dos mecanismos coloniais, para que seja possível uma descolonização da prática.

Considerando tais prerrogativas para o desenvolvimento de metodologias feministas decoloniais, realizei um esforço para elaborar um método que cumprisse, pelo menos, com a proposta de questionamento dos significados e conteúdo das categorias ocidentais. Isso inclui a forma como esses governos que se definem como feministas realizam uma reinterpretação das agendas de política externa, principalmente aquelas descritas como *high politics* e que tradicionalmente são *gender blind*. Optei por aprofundar a análise na agenda de Cooperação Internacional para o Desenvolvimento, isso porque um advento que seguiu ao anúncio da PEF foi justamente o da ideia de uma cooperação feminista e interseccional (García Bastante; Ruggiero; Ruiz-Giménez Aguilar, 2021 *apud* Carrillo, 2021), contudo, pouco é apresentado sobre mudanças efetivas no campo.

PARTE II.

QUANDO OS FEMINISMOS ANALISAM A COOPERAÇÃO INTERNACIONAL PARA O DESENVOLVIMENTO

É importante sublinhar que da mesma maneira que houve um *boom* de adoção da PEF, ao mesmo tempo eclodiram diversas análises sobre processos de repensar as agendas de política externa de modo que elas deveriam também sofrer revisões para se adequar ao que seria o paradigma feminista adotado pelos governos. Ao longo desse percurso, foi interessante perceber as diferentes convocatórias das pesquisadoras ao redor do mundo por um comprometimento mais efetivo dos governos em torno da revisão das estruturas das relações exteriores de seus países, e das normas que ordenam a atuação de um governo na esfera internacional.

Algumas agendas receberam uma atenção privilegiada, como foi o caso da de segurança, em razão do processo avançado no qual se encontra a adoção da Resolução 1325 do Conselho de Segurança da ONU. A chamada agenda MPS (Mulher, Paz e Segurança) foi protagonista nas dimensões de análise de coerência da Política Externa Feminista em um intento de correlacionar os compromissos que os países já assumiram nesta matéria como exemplificação de que já estavam implementando uma PEF, antes mesmo do anúncio. Contudo, uma temática que também tem sido constantemente abordada é a da Cooperação Internacional para o Desenvolvimento, isso porque, de uma forma ou de outra, este é um grande guarda-chuva do sistema internacional e que incide diretamente em outras matérias como economia, educação, saúde, turismo, migração, entre outras agendas. O chamamento de defensoras da PEF é de que "a cooperação será feminista ou não será transformadora" (García-Bastante; Ruggiero; Ruiz-Giménez Aguilar, 2021 *apud* Cabarrillo, 2021).

Nesse sentido, uno-me a essas colegas ao defender a revisão do instituto da CID como vem sendo elaborado desde sua concepção, considerando, primordialmente, os seus objetivos, antes mesmo das formas. Isso porque a natureza para qual a CID e a Ajuda para o Desenvolvimento (AOD) foram criadas delimita, em sua maior parte, os pontos de intercorrência nos acordos de cooperação, principalmente Norte-Sul. Portanto, revisar os objetivos dos projetos de CID significa repensar a lógica da indústria do desenvolvimento, os impactos desiguais do desenvolvimento e os papéis interseccionais no desenvolvimento.

O esforço é, portanto, integrar à Análise de Política Externa Feminista a concepção crítica de que existe a possibilidade de mudança da realidade por meio da elaboração de ações estratégicas que sejam capazes de incidir diretamente na estrutura, e que estejam vinculadas ao meio social.

Até certo ponto, é senso comum o anseio de que a promoção de uma PEF busque um distanciamento dos discursos e das práticas tradicionalmente propagados pela elite internacional e que são eticamente orientados por princípios hierarquizantes (Aggestan; Rosamond; Kronsell, 2018). Ao adotar uma PEF, o governo tende a se comprometer com a inclusão de perspectiva de gênero e de grupos subalternizados na produção de suas políticas. Mas como isso é feito? Para além ou a partir das estruturas vigentes?

Acredito que as respostas para essas perguntas estão na questão-chave de que a ordem mundial está em constante transformação (Cox, 1988[1]), e que a análise do sistema internacional deve ser realizada a partir da consideração de elementos diversos, não apenas temáticas de segurança e economia, como as teorias clássicas das RI tendem a afirmar. É importante reconhecer, principalmente em contextos de adoção de ações exteriores feministas, que a correlação de forças entre burocracia do Estado, governo e sociedade civil influenciam diretamente na modificação das estruturas institucionais que legitimam a ordem internacional hegemônica. Por isso, apoio-me no trabalho desenvolvido por

Adriene Roberts (2016), que argumenta que a compreensão sobre as estruturas históricas é fundamental para uma reflexão feminista, já que sublinha a necessidade de contemplar e analisar historicamente as práticas sociais e entender a mudança histórica como resultado de práticas humanas.

Esses processos de conformação de uma ordem hegemônica estão imbuídos de relações históricas específicas marcadas por um dado modelo de reprodução social de concepções essencializadas sobre gênero. Segundo Bakker e Gill (2003, p. 33. Tradução e grifo próprio.), "todas as ordens mundiais envolvem divisões específicas de gênero [...] nas estruturas de poder que moldam representações simbólicas e materiais das relações de gênero, ou seja, **ordens de gênero servem para moldar e são moldadas pelas ordens mundiais**"[17]. A ordem específica de gênero delimita, também, a capacidade e possibilidade de contestação de uma dada ordem hegemônica, no sentido de que estabelece condições sob as quais os atores sociais podem incidir nas instituições com suas ideias e estabelecer forças sociais contra-hegemônicas. Por isso, de acordo com Steans e Tepe (2008), é necessário descrever as relações de poder de gênero não como uma questão marginal, mas como constitutiva da hegemonia.

O conceito de **regime de gênero** (Steams; Tepe, 2008) é valioso para tratar do tema da análise de congruência da PEF, isso porque descreve a organização formal e informal das relações de gênero na economia, nos Estados e nas instituições internacionais. Esse regime impõe as diferenças de gênero historicamente constituídas, a forma como o poder político é distribuído entre a categoria gênero e, assim, identifica a relação de gênero heterossexual como hegemônica nas normas e abordagens institucionais. Essa visão é estabelecida como senso comum e, na maioria das vezes, sustenta a ordem vigente e sua hegemonia por meio da cultura, das instituições e da **persuasão**. Assim, incidindo em uma

---

[17] No original: "[...] all world orders involve specific gender divisions of labor and structures of power that shape symbolic and material representations of gender relations, that is, gender orders coexist with, serve to shape and are shaped by world orders [...]". (Bakker; Gil, 2003, p. 33).

naturalização das relações de gênero e colocando-as à margem, não como integrantes centrais na estrutura histórica e, por conseguinte, da ordem mundial.

Identifico nas Relações Internacionais uma compreensão em torno do universal como sinônimo do masculino, no qual os homens são majoritariamente a força social das instituições (Tickner, 1992; Enloe, 1993). Portanto, a ordem mundial atual é configurada a partir de uma hegemonia patriarcal, que por sua vez é peça estruturante das instituições e capacidades de articulação contra-hegemônica. As relações de desigualdade são resultado da cultura que nega e marginaliza a construção de saberes femininos e constroem ideias de que o universal e neutro são masculinos. Enquanto isso, a sociedade civil organizada, os movimentos feministas e de mulheres tendem a questionar o *status-quo*, os padrões sociais e culturais que criam a imagem marginalizada da mulher no espaço público, e, assim, na política internacional.

Já as instituições são espaços nos quais se estabelecem, fixam e reproduzem a ordem atual do regime de gênero. Assim, se organizações internacionais e burocracias diplomáticas constroem regras e padrões de dominação masculinos e/ou não rompem com essas perspectivas, consequentemente a política internacional é conformada em um espaço excludente de mulheres e de suas perspectivas. Nesse sentido, as dimensões ideológicas, políticas e econômicas convergem em torno de interesses particulares, que são estruturados como universais, fundamentando normas e valores em um regime de gênero, e configuram a hegemonia patriarcal.

Outra questão da ordem hegemônica é aquela apontada por Julieta Paredes (2014), Adriene Roberts (2016) e Parashar (2018), que é quando a hegemonia absorve as estratégias feministas como ferramentas de poder, fazendo com que as mulheres sejam instrumentalizadas, ao mesmo tempo que mantém as estruturas globais de desigualdades e as formas dominantes de masculinidade intactas. Assim, a ordem é mantida, as articulações da sociedade civil deixam de ser contra-hegemônicas e passam a integrar, de maneira **persuasiva**, a estrutura de poder do regime de gênero.

Entre as diferentes agendas sob as quais o paradigma eleito por um governo para sua política externa, a Cooperação Internacional para o Desenvolvimento é central para a difusão das perspectivas governistas e o estabelecimento de um posicionamento no sistema internacional. Dada a credibilidade que essa agenda relega a um Estado e a um governo, este capítulo está centrado na análise das capacidades de incidência de uma PEF na CID de um país. Importante sublinhar que ao longo das seguintes páginas serão debatidas diferentes formas de impactos que os feminismos podem causar nas relações entre Estados e governos, inclusive aqueles que não atendem ao que este estudo compreende como uma PEF.

A INDÚSTRIA DO DESENVOLVIMENTO E A FORMULAÇÃO DA CID COMO MODELO DE AJUDA

Perspectivas mais críticas compreendem que o conceito de desenvolvimento é resultado de um padrão de dominação do sistema internacional que tende a reforçar relações de poder fundadas na colonização, e estabelecer, em muitos casos, uma relação de dependência entre os Estados (Shiva, 1995; Escobar, 2014). Minha abordagem parte, justamente, dessa abordagem, entendo que o conceito de desenvolvimento concebido atualmente é reflexo de uma ordem mundial capitalista e patriarcal, calcada em práticas hierarquizadas e que servem ainda hoje ao modelo de dominação no sistema internacional.

Assim, ao mesmo tempo que foi criada a pobreza como conceito econômico e categoria de avaliação dos Estados, também foi apontada a solução: crescimento econômico. A pobreza foi convertida em um conceito para organizar e um objeto de problematização e, assim, gerou novos discursos e práticas que formaram a realidade. O estabelecimento do "problema da pobreza" aconteceu também como resultado da primeira década do desenvolvimento da ONU (García, 1994). A partir da base filosófica da modernidade, um dos efeitos do debate dos anos 1960 foi a caracterização das questões populacionais com altos índices de crescimento e aceleradas taxas de urbanização. Como consequência, o crescimento populacional superou o econômico e o percebido desequilíbrio foi atribuído como causa da pobreza. Na década seguinte, a ONU se ocupou de tratar da questão da população, o que abriu margem para questões relacionadas às mulheres, por terem sido vistas como agentes primárias na diminuição da taxa de natalidade.

Contudo, tendo em vista essa questão da pobreza e o processo de categorização dos países do Sul Global nesta definição, essa região passou a ter como sua questão essencial e definidora a pauperização de sua população. Para esse problema foi consensuado que a solução se daria por meio da busca pelo desenvolvimento, ainda que este também tenha sido, em vários níveis, a causa do aumento das desigualdades (Garcia, 1994). Nesse aspecto, abre-se um parêntese, pois ainda que a realidade da condição de vida dos países colonizados seja distinta, e que a população desses lugares tenha limitado o acesso à renda, e, por conseguinte, aos meios materiais de produção, em momento nenhum se questiona as causas históricas que criaram essa realidade (Llistar, 2009; Milani, 2018). Vandana Shiva (1995) explica que os processos de pauperização são, de fato, uma criação da compreensão de sentido que foi dado ao conceito de desenvolvimento que fragmentou a natureza e deslocou as mulheres dos trabalhos produtivos por meio da ciência moderna em um sistema de consciência universal e neutra, com consequências violentas e destrutivas em um mundo que é diverso e inter-relacionado. A autora acrescenta que esse processo de desenvolvimento é patriarcal e transforma a natureza em improdutiva, compreende a agricultura orgânica como pobreza e vê as mulheres, a comunidade campesina e os povos tribais como improdutivos.

A necessidade de desenvolvimento do Sul, ou seja, a integração desse espaço a uma ordem específica de discurso e prática fomenta um enraizamento da narrativa da eliminação da pobreza como indispensável para a ordem mundial (Escobar, 2014). E, assim, ao conceituar a ideia de progresso, a estratégia do desenvolvimento se converteu em instrumento potente para a normatização do mundo (Escobar, 2014). Em razão da construção de diferentes imaginários sobre o desenvolvimento, foram criadas diferentes ferramentas e estratégias que incidiram na geopolítica do desenvolvimento. O sistema de ajuda, por exemplo, foi institucionalizado como ação positiva dirigida aos países colonizados, contribuindo, assim, para a inauguração de agências especializadas no tema e programas de CID e uma profissionalização da cooperação. Assim, o conceito de desenvolvimento se aliou ao de ajuda no sentido de contribuir para que os países pobres tivessem mais crescimento econômico e capacidade produtiva.

A ajuda ficou, então, estabelecida como um modelo tradicional de cooperação, no qual "[...] difundia um enfoque exógeno do desenvolvimento (imposto de fora), parcial (considera que o problema que a cooperação tem que resolver afeta somente a parte que solicita ajuda) e unilateral (somente uma parte decide)" (Pérez-Rodriguez, 2013, p. 4-5). Tais padrões inferiam diretamente na eficácia da ajuda e, ainda assim, foram implementados e mantidos ao longo dos anos. Por isso, em muitos casos essa ajuda foi estabelecida de forma hierárquica e carente de diálogo entre os países doadores e aqueles que recebiam a doação. Pérez-Rodriguez (2013) argumenta que, nesse sentido, foram mobilizadas políticas de cunho assistencialista, sob as quais a ajuda prestada reforçava as condições de dependência e a passividade do receptor.

Por outro lado, Carlos Milani (2018) sublinha que há um certo reducionismo em tratar a ajuda internacional apenas pelo viés do interesse que se reproduz nas ações de cooperação. O autor expõe que, na realidade, o que existe é uma política estratégica dos Estados (doadores), e que é necessário reconhecer os princípios solidários e humanísticos que podem ser resultado da ajuda ao desenvolvimento. "A complexidade está na interação entre solidariedade e interesse estratégico como partes aditivas de um mesmo quadro ao qual não é possível ter controle sobre todos os efeitos positivos e negativos das políticas de cooperação" (Carvalho, 2021, p. 50).

OS RESULTADOS DA CID DESDE UMA PERSPECTIVA CRÍTICA

A CID foi pensada desde a lógica de influenciar no processo de desenvolvimento dos países categorizados internacionalmente como pobres. Nesse contexto, as relações Norte-Sul ganharam destaque como instrumento da CID e da promoção da AOD. Em um mundo globalizado, esse processo favoreceu a interação entre os países, expandindo as temáticas, os objetivos e os resultados das relações. Uma anedota muito interessante que explica bem a realidade do mundo em que vivemos foi feita por Llistar (2015). Segundo ele, quando alguém em um país europeu esquenta seu café está, ainda que indiretamente, estabelecendo uma relação com um produtor de grãos de café na Nicarágua. Por isso, é necessário reconhecer que, de uma forma ou de outra, há uma conexão entre os diferentes espaços do globo, sendo a CID uma das principais ferramentas para o estabelecimento dessa interpelação.

Desde uma reflexão crítica latino-americana, há de se concordar que a expansão do sistema capitalista nunca foi marcada pela horizontalidade, o que gerou impactos diferenciados nos países colonizados e em suas populações nos contextos dos projetos de cooperação (Escobar, 2014; Quijano, 2000; Casanova, 2006[1979]). Ainda que, de maneira genérica, se busque difundir que a CID é uma ferramenta de política do Norte que gera benefícios para o Sul — nesse caso, particularmente, o desenvolvimento como crescimento econômico —, é importante reconhecer que também há situações nas quais não há efeitos positivos nos países e nas populações beneficiárias (Llistar, 2015, p. 2).

Considerando essa realidade dúbia do sistema de cooperação, entendo que é válido aprofundar na reflexão sobre esses impactos negativos, particularmente no contexto da PEF. Isso porque todo o movimento de denominar um projeto de cooperação como feminista deve levar em consideração, principalmente, os potenciais resultados e a participação ativa da população beneficiária, caso contrário, estamos diante de projetos de anticooperação (Llistar,

2009). Ou seja, se reconhecemos que existe a cooperação e Ajuda ao Desenvolvimento, portanto, assim como Llistar (2009), creio que também exista a "antiajuda" e a anticooperação, que são a via prática do sistema-mundo que contribui para que determinado grupo – de forma voluntária ou involuntária – intervenha de maneira grave sobre outros grupos de pessoas ou os subordine (Llistar, 2009).

Optei por trabalhar com esse conceito a partir dos resultados da pesquisa de Llistar (2009; 2015) que decodificou as ações de AOD e CID em, pelo menos, nove formas de anticooperação do Norte em relação ao Sul. O autor não apenas mediu a eficácia da cooperação, mas observou os impactos negativos por ela gerados.

> Anticooperação deriva da "cooperação ao desenvolvimento", um conceito que o saber popular associa a todas aquelas ações do Norte que ajudam ao Sul de alguma maneira. Sem entrar especificamente no debate se este último é certo ou não, é intuitivo definir o contrário, 'anticooperação', como toda aquela ação, qualquer que seja, que seja gerada do Norte e que interfira negativamente no Sul [...] a anticooperação surge de ao se perguntar quantas interferências negativas recebem os povos do Sul Global do Norte Global, de que maneira o fazem, qual é a lógica que compartilham essas interferências e quanto do 'buen vivir' e da autodeterminação dos povos do Sul são determinados pelo Norte. (Llistar, 2009, p. 97, tradução própria)[18].

O autor estabeleceu nove categorias para definir esferas de anticooperação, são elas a militar, tecno-produtiva, financeira, comercial, diplomática, ambiental, mobilidade humana, simbólica

---

[18] No original: "Anticooperación deriva de "cooperación al desarrollo", un concepto que el saber popular asocia a todas aquellas acciones del Norte que ayudan al Sur de una u otra manera. Sin entrar en si esto último es completamente cierto o no, resulta intuitivo definir lo contrario, "anticooperación", como toda aquella acción, cualquiera que sea, que se genere en el Norte y que interfiera negativamente en el Sur. [...]. La anticooperación surge de preguntarse cuántas interferencias negativas reciben los pueblos del Sur Global desde el Norte Global, de qué manera lo hacen, cuál es la lógica que comparten tales interferencias, y cuánto del "vivir bien" y de la autodeterminación de los pueblos del Sur quedan determinados desde el Norte." (Llistar, 2009, p. 97).

e solidária. Para o desenvolvimento da minha análise sobre a PEF, baseei-me em apenas dois desses conceitos que estão diretamente relacionados à ideia de que os feminismos podem estar sendo mobilizados apenas como um *branding* por governos progressistas.

a. **Anticooperação simbólica**: é o que Llistar (2009) denomina de poder brando, uma vez que atua por meio do convencimento da população a partir de símbolos sobre o que é válido ou não, o que é verdade e o melhor modelo de vida. Esses símbolos podem estar contidos em filmes, novelas, sistemas escolares, universidades, notícias manipuladas ou na publicidade. A relação também pode ser estabelecida por meio do acesso à elite dirigente dos países do Sul de modo a influenciar nas necessidades da população, modelando-as e determinando um sentido para as suas ações. Está relacionada à "boa imagem do país" e à "boa reputação internacional".

b. **Anticooperação solidária**: são as ações realizadas por meio do sistema de ajuda internacional ao desenvolvimento e à cooperação internacional. Apesar de, em nome da AOD, terem sido desenvolvidas diversas políticas e práticas que de fato contribuíram para as populações receptoras, é importante esclarecer que sob esse mesmo discurso foram e são implementadas práticas que buscam operações lucrativas e que, em muitos casos, sustentam governos prejudiciais às populações e/ou fomentam guerras. É posto pelo autor que, em determinados casos, o sistema de AOD foi cooptado parcialmente por um sistema de **anticooperação**, que ainda que tenha uma pretensa ideia solidária e de caridade, pode conter mais interesses geoestratégicos.

Além desses tipos de anticooperação, destaco também dois propósitos da CID descritos por Llistar (2009) que entendo também servir para pensar as mudanças efetivas dos feminismos nas estruturas das ações exteriores. O primeiro é a **cooperação pela boa**

imagem internacional, ou seja, aquela na qual o fim é apresentar o país doador como solidário frente à comunidade internacional. Em casos com esse objetivo, a promoção das parcerias bilaterais é feita de maneira muito semelhante à publicidade de uma marca, demonstrando uma tendência a atuar em projetos que tenham uma boa capilaridade em termos de divulgação. Além desse fim, a cooperação também pode ser feita em razão da **pressão cidadã**, que para Llistar (2009) é um tipo de CID que não tem fins puramente egoístas, porque recebe influência da sociedade civil organizada no sentido de transmitir uma sensibilidade sobre as demandas dos países beneficiários[19]. Importante sublinhar que, no entanto, a efetividade dos projetos de cooperação construídos em torno desse objetivo depende da ideologia do governo, da cumplicidade dos meios de comunicação e da profundidade democrática do país. O mais importante é que os movimentos sociais locais tenham a capacidade de manter a pressão sobre o governo doador e sensibilizem a população do Norte sobre a necessidade da cooperação.

Apesar de valiosa a contribuição de Llistar (2009) para o pensamento crítico sobre o sistema de cooperação, não há, por parte do autor, uma reflexão em torno dos impactos diferenciais na população beneficiária – no sentido de uma análise mais sociológica da questão, o que permite desvendar outras nuances nesses processos. Em contextos feministas é imprescindível que se reflita sobre quem são essas populações vulnerabilizadas pela anticooperação, e como são compostas em termos de raça, gênero, classe social e etnia.

O remédio prescrito pela cooperação tradicional para curar a "enfermidade" do subdesenvolvimento no Sul Global fomenta e estrutura a ação exterior desde práticas contraditórias, uma vez que são apresentadas soluções para problemas criados pela colonização,

---

[19] Este sentido de sociedade civil organizada é importante diferenciar das ONGs. Nesse modelo, o que Llistar (2009) se refere é quando a sociedade civil de um determinado país estabelece cooperação com outros grupos e/ou Estados, no sentido de influenciar e impactar geoestrategicamente a CID com sua agenda. Um exemplo interessante é o que foi feito pelos movimentos feministas colombianos no processo de negociação do Acordo de Paz, em 2016, na busca por integrar a agenda de gênero no documento final – para mais informações sobre este processo na Colômbia ver: Aguiar (2022).

buscando imprimir a necessidade de alcançar um mesmo ponto de chegada para Estados com características históricas, geográficas e temporais completamente distintas. Por isso, é importante que uma CID feminista amplie e discuta os impactos locais das políticas articuladas, contribuindo para uma visão menos estática do sistema internacional ao considerar que os sujeitos nos países são sistematicamente impactados por modelos específicos de articulação da ordem mundial, que moldam as instituições e suas ideias.

Portanto, a análise aqui desenvolvida defende que uma CID feminista não deveria ser centrada na noção de ajuda e internacionalização de modelos políticos, mas em uma construção coletiva entre os atores locais e os financiadores, de modo que a cooperação gere autonomia e emancipação da comunidade beneficiária da política, possibilitando, assim, resultados de cooperação. Por isso, para pensar os efeitos contrários a estes idealizados pelo que deveria ser uma CID em um contexto de política feminista, entendo que, particularmente, o conceito de **anticooperação solidária** serve para pensar o sentido da eficácia e, assim, dos resultados práticos das políticas de cooperação.

Os países buscaram integrar a perspectiva das mulheres e de gênero em suas práticas políticas muito no sentido de uma cooperação objetivada para a boa imagem internacional, incorporando debates originados na sociedade civil, mas sem um comprometimento de que tenham reais impactos sobre a revisão das estruturas – como foram os casos das perspectivas Mulheres no Desenvolvimento, Mulheres e Desenvolvimento e Gênero e Desenvolvimento. Outrossim, as visões sobre igualdade de gênero emitidas pelos projetos de cooperação são, em muito, influenciadas e resultados do que o governo doador compreende sobre as ferramentas que contribuem para a diluição das diferenças entre homens e mulheres. Assim, quando incluem tais perspectivas em suas práticas de CID, não só apoiam uma boa aparência no sistema internacional, como também incidem de maneira simbólica nos países receptores de ajuda.

O meu argumento é que, no sistema bilateral da AOD, como bem explicado por Milani (2012), os Estados internacionalizam suas concepções específicas domésticas, e, a meu ver, também suas compreensões em torno da igualdade de gênero. As ONGs que são financiadas pelos Estados do Norte e prestam a ajuda a/ em Estados do Sul também estão contribuindo na disseminação de uma dada perspectiva sobre a igualdade de gênero. Meu objetivo não é negar a validez e importância desses projetos de cooperação, mas demonstrar a necessidade de que os indivíduos, receptores da política de cooperação, ou "consumidor final" da prática desempenhada, tenham poder de articulação em torno dos conceitos e perspectivas que guiam o projeto. Isso porque, ainda que se reconheça a existência de práticas de cooperação com efeitos positivos, a ausência da promoção de espaços de articulação e interlocução entre os atores que financiam, os implementadores – que pode ser a sociedade civil organizada — e os indivíduos beneficiários gera, no caso das políticas de igualdade de gênero, um 10º modelo de anticooperação, que neste livro será denominada como **anticooperação de g**ênero.

Quadro 3 – Conceito de anticooperação solidária de gênero

ANTICOOPERAÇÃO SOLIDÁRIA DE GÊNERO
Este fenômeno ocorre na esfera simbólica, pois as normas de gênero de um Estado doador são assimiladas ao tecido governamental, burocrático e social de um Estado beneficiário através de uma Cooperação Internacional para o Desenvolvimento que se apresenta como solidária, mas que é condicionante. Na prática, as concepções de gênero e desenvolvimento do país doador são transferidas para o país beneficiário, muitas vezes com o apoio de movimentos feministas de ambos os Estados (por meio de financiamento de projetos, por exemplo). Quando essas iniciativas incorporam uma perspectiva interseccional, isso ocorre apenas no nível narrativo (branding). Como resultado, há o risco de sobrecarga dos sistemas de gênero locais, o que pode exacerbar a vulnerabilização das mulheres, das pessoas LGBTQIA+ e de grupos racializados e étnicos. Essa anticooperação pode manifestar-se simultaneamente com os modelos descritos por Llistar (2009), sendo reproduzida através dos mesmos mecanismos (como mercados financeiros, controle de fronteiras, e emissão de gases de efeito estufa, entre outros).

Fonte: a autora

Um dos aspectos centrais da anticooperação solidária de gênero é a construção da mulher do Sul enquanto vítima, narrativa esta que opera como uma força hierarquizante sob a população que recebe a CID. Esse discurso tende a reforçar o discurso de "salvamento" por parte dos feminismos e lentes de gênero dos atores do Norte, que pautam suas ações em uma solidariedade discursiva e fomentam, assim, suas imagens de bons atores internacionais. Tal como a ideia de Terceiro Mundo, a ideia de "mulher do Terceiro Mundo" foi elaborada como singular e monolítica nos textos feministas ocidentais e nas políticas internacionais de ajuda do Norte, o que revela uma supressão entre mulheres como grupo construído e mulheres como sujeitos materiais de sua própria história, em razão de uma noção sociológica da mesmice das opressões (Mohanty, 1988).

Desse modo, busco concentrar a análise na compreensão sobre a tripla opressão que as mulheres dos Estados pós-coloniais podem vivenciar e na fluidez das normas de gênero que são desafiadas pela masculinidade colonial (Parashar, 2018). É necessária a observação das estruturas sob as quais as agendas com lentes de gênero buscam incidir, e em quais conceitos de desenvolvimento, igualdade e democracia estão se baseando. Afinal, em muitos casos, a política pode não acomodar a agência de mulheres que não buscam emancipação e empoderamento individual, bem como reforçar padrões de opressão por meio de políticas de ajuda, sendo assim do tipo simbólica.

Nesse sentido, é preciso destacar dois pontos: pode haver a **cooperação solidária de gênero**, com efeitos benéficos naqueles espaços articulados por atores doadores que permitem, em alguma medida, uma abertura para articular suas ações com os movimentos sociais locais e realizam a escuta de movimentos feministas que possuem como perspectiva uma atuação coletiva na revisitação dos conceitos universais que regem a CID. Visando, assim, um impacto positivo sobre a população beneficiária, e conscientizando a população dos países doadores sobre as diferentes realidades com as quais coopera. Esse mecanismo pode ser observado naqueles

POLÍTICA EXTERNA FEMINISTA COMO BRANDING GOVERNISTA:
HÁ CONGRUÊNCIA ENTRE NORMAS INSTITUCIONAIS E PRÁTICAS DE COOPERAÇÃO?

acordos de cooperação que priorizam a participação dos atores do Sul como agentes ativos, e não passivos da AOD. Contudo, é preciso reconhecer que a **anticooperação solidária de gênero** ainda é prevalente, e ocorre porque o instituto do desenvolvimento nas perspectivas de AOD e da CID não foram estabelecidos em sua concepção integrando as questões relativas à agenda de gênero.

PARTE III.

QUANDO OS FEMINISMOS ENCONTRAM A ANÁLISE DE POLÍTICA EXTERNA

Este capítulo foi inspirado em um texto publicado por Archileos-Sarll (2018), no qual a autora busca (re)conceitualizar a Análise de Política Externa (APE) a partir de uma revisão dos processos de racialização, sexualização e genderização dessa metodologia. Este trabalho foi o primeiro, e único — até a data de elaboração deste livro —, que tive contato que trata diretamente da necessidade de rever as categorias mobilizadas pela APE, e busca contribuir para o desenvolvimento de um pensamento crítico e decolonial em um contexto de análises acadêmicas feministas sobre a PEF. Por isso, neste capítulo meu intuito foi o de que os avanços da minha pesquisa se somassem a investigações como a de Archileos-Sarll (2018), na busca pela reflexão e revisitação constante da produção do conhecimento crítico sobre a Análise de Política Externa Feminista. Apesar de alguns tímidos avanços, ainda se mantém um silêncio na APE sobre como os discursos e as hierarquias de gênero, sexualizadas e racializadas, dependem e são reforçadas pelas instituições, práticas e análises de política externa (Archileos-Sarll, 2018).

A meu ver, não é possível analisar a política externa sem considerar os legados coloniais e as opressões interseccionais que, necessariamente, informam e são centrais à sua formulação. Archileos-Sarll (2018) argumenta que a política externa deve ser submetida a uma dupla crítica com o objetivo de expor suas bases imperialistas e de gênero, além de suas estruturas e práticas heterossexuais que marginalizam a relação entre gênero, sexualidade e raça tanto no desenho quanto na implementação de uma política externa (Archileos-Sarll, 2018).

Para Dan Bulley (2014 *apud* Archileos-Sarll, 2018), a análise de política externa tradicional lançou luz sobre como a sua teorização e forma também perpetuava certas suposições sobre política externa e a maneira como ela opera na política mundial. Essas suposições informam justamente o regime de gênero e ratificam o papel da agenda de gênero, raça e sexualidade como apartadas do estudo da política externa e, de maneira mais ampla, das relações internacionais em si. Epistemologicamente a maior parte das teorias mobilizadas pela APE tradicional se preocupa em explicar a tomada de decisão por meio de uma abordagem sobre a resolução dos problemas. Por isso, tanto as perspectivas "orientadas ao agente" quanto as "específicas ao ator" colocam os líderes políticos e militares (geralmente homens brancos) no centro da análise.

Uma análise feminista crítica de política externa deve perguntar como a noção de gênero moldou a linguagem *de* e *sobre* a política externa, as práticas de política externa e a instituição da política externa, e, ainda, como essas instituições, práticas e ideias restringem ou perpetuam certos pressupostos de gênero (Stienstra, 1995 *apud* Archileos-Sarll, 2018). Essas abordagens se estenderam além dos limites acadêmicos e tiveram implicações para a adoção institucionalizada das ideias feministas, bem como para o conteúdo esponsal e normativo de uma Política Externa Feminista (Archielos--Sarls, 2018). Mas, "indiscutivelmente, quando os governos se envolvem com a teoria feminista, são as ideias feministas liberais que são mais compatíveis com as ideias das instituições estatais neoliberais e ideologias de mercado e, portanto, são mais propensas a se incorporarem na prática e no discurso da política externa." (Archileos-Sarll, 2018, p. 41. Tradução própria)[20].

Dessa maneira, a APEF pós-colonial oferece uma abordagem potencialmente radical e transformadora para a compreensão da política externa que poderia fornecer um modelo potencial para uma alternativa ética à *real politik* além do feminismo liberal, que

---

[20] No original: "Arguably, when governments engage with feminist theory, it is liberal feminist ideas that are most compatible with the ideas of neoliberal state institutions and market ideologies, and are therefore more likely to become embodied in foreign policy practice and discourse." (Archileos-Sarll, 2018, p. 41).

está encontrando seu lar tanto na retórica quanto na realidade das políticas externas dos Estados (Archielos-Sarls, 2018). Assim, me somo a reflexão proposta por Archielos-Sarls (2018) de que existe uma abordagem tripartite da política externa desde o feminismo pós-colonial: (re)centra a interseccionalidade, (re)instaura histórias conectadas e (re)configura ordens normativas. Essa reorientação é aplicada a (re)conceituar a política externa para pensar de modo diferente a respeito de como esses conceitos podem informar uma política feminista externa e doméstica. A (re)centralização da interseccionalidade como abordagem analítica em um foco de raça, gênero e sexualidade é usada para destacar as principais omissões da APE. Igualmente, no foco da APE em instituições poderosas para escrutinar processos de tomada de decisão em detrimento da atenção às formas como essas categorias sociais são hierarquizadas e naturalizadas para informar a construção da política externa, e os efeitos interseccionais da política externa para os mais marginalizados.

Archielos-Sarlls (2018) conclui que a política externa, buscando institucionalizar o feminismo e as ideias de gênero, é baseada em hierarquias gentrificadas, sexualizadas e racializadas, e, portanto, em configurações especializadas devido às assimetrias de poder de Estados e grupos de interesse. Nesse sentido, a proposta que faço é revisitar essas perspectivas feministas ao modo de (re)centralizá-las e (re)conceitualizá-las a partir de uma visão pós-colonial da Política Externa Feminista. Ou seja, os conceitos mobilizados a partir de agora serão, posteriormente, (re)significados no sentido de propor um método que parta não de uma APE pós-positivista, mas de uma APEF Pós-Colonial.

(RE)SIGNIFICANDO AS VARIÁVEIS PARA A CONSTRUÇÃO DO MÉTODO DE VERIFICAÇÃO DE CONGRUÊNCIA

Quando qualquer pesquisadora inicia sua leitura para conhecer as reflexões básicas sobre PEF, como mencionado no capítulo anterior, pressupõe-se alguns textos como básicos. No caso específico de uma perspectiva mais voltada para a metodologia, a proposta de Karin Aggestam e Jacqui True (2020) é central para se informar sobre um arcabouço analítico para pensar a análise de PEF. As autoras identificaram três formas de apreciação comparativa da PEF, destacando o ceticismo de estudiosas feministas sobre a capacidade de instituições de Estados aplicarem agendas políticas feministas por uma interpretação de que os Estados sempre estão arraigados a uma estrutura de poder patriarcal, hierárquica e opressiva. Dessa forma, um Estado não pode ser visto como neutro a partir de uma perspectiva feminista. Os atores da política externa estão, na realidade, negociando um mundo social internacional que, na visão de Aggestam e True (2020), é complexo e cheio de simbolismos e práticas de gênero, que afetam como os Estados e indivíduos se apresentam e são percebidos e, por conseguinte, os modelos de comunicação e interação entre eles. Logo, há uma sensibilização para a análise empírica para as experiências materiais vividas das pessoas, em que gênero se cruza e se reforça com outras categorias sociais de desigualdade e identitárias, como raça/etnia, sexualidade, classe, nacionalidade – dentro, por meio e entre os Estados.

O caminho percorrido pelas autoras foi o de entender as variáveis que contribuíram para compreender os limites e as possibilidades dessas análises, a partir da pergunta: como agência e estrutura nos ajudam a explicar e interpretar a liderança das mulheres na política externa, seus limites e possibilidades? Assim, agência, estruturas e práticas foram definidas como variáveis que explicam a forma como uma dada política externa se move em torno da agenda de gênero. A agência e a estrutura serão analisadas como forma de interpretar os limites e possibilidades na formulação de uma política externa feminista e a prática como resultado desse processo. Essas três categorias são inter-relacionadas.

É importante reconhecer que não estou à procura de uma política feminista ideal, que preencha todas as lacunas historicamente deixadas por ações patriarcais que são guiadas pela heteronormatividade nos âmbitos internacional e doméstico. Mas acredito fortemente que é importante observar à medida que há uma cooptação de discursos feministas para justificar a manutenção e perpetuação de práticas que violam sistematicamente os direitos de gênero e/ou como meramente uma estratégia de favorecimento de um dado Estado ou governo no sistema internacional,

Logo, então, o primeiro passo no sentido de elaborar um modelo analítico que possa servir para pensar à medida que uma PEF estabelece relação de congruência entre seus discursos normativos e práticas é estabelecer o marco conceitual da proposta metodológica. Defino termos basilares para a análise de uma política externa feminista: *a política externa feminista hegemônica e a contra-hegemônica, e as ideias de cooperação feminista e anticooperação feminista.* Mas além dessas, delimitarei as variáveis que compõem esse método de análise, partindo das propostas elaboradas pelas analistas Aggestam e True (2020) e a (re) interpretação necessária. Como já explicado, serão utilizadas três variáveis: **agência, estrutura e práticas.**

Nesse contexto, é imprescindível que as variáveis que venham a compor o modelo proposto tenham densidade e capacidade conceitual de contribuir para o questionamento das estruturas históricas vigentes, bem como das ideias, das instituições e dos modelos de Estados que se propõem como feministas. Até o momento foi possível conceber que há uma iniciativa internacional em torno de aplicação de políticas mais progressistas na agenda de gênero. Contudo, também é plausível indicar que há uma dada limitação no processo de revisão dos padrões históricos de dominação e no modo tradicional de fazer política. Se por um lado os governos despontam como inovadores na proposição do feminismo como política de Estado e de governo, por outro, limitam as capacidades de incidência das ideias da sociedade civil organizada, assim, da transformação das instituições que desenvolvem e aplicam uma política externa. O que se pode e deve observar em uma APEF são justamente os intercâmbios entre as diferentes perspectivas dos feminismos, bem como a revisão e desconstrução das estruturas históricas do regime de gênero.

Levando em consideração esses pressupostos, a agência e a estrutura serão analisadas como forma de (re)interpretar os limites e as possibilidades na formulação de uma política externa feminista, e a prática será depreendida como resultado desse processo. Em vista disso, faz-se importante desagregar cada variável e apresentar os sentidos e aspectos que as compõem, de modo a elucidar a maneira de se desenvolver o modelo analítico em uma pesquisa sobre Análise de Política Externa Feminista Pós-Colonial:

Quadro 4 – (Re)interpretação da variável agência

AGÊNCIA
É o modelo de liderança institucional de um país, e a capacidade de integrar agendas pró-gênero e/ou feministas depende da disposição e orientação ideológica dos atores que a compõem. Quando há uma capacidade efetiva de institucionalizar novas fontes para a promoção da igualdade, é possível promover uma revisão das estruturas do regime de gênero de um Estado.

LIDERANÇA NORMATIVA HEGEMÔNICA	LIDERANÇA NORMATIVA CONTRA-HEGEMÔNICA
Mantém a estrutura histórica do regime de gênero a partir de mudanças de nomenclaturas. Neste caso, considera-se apenas o processo de adjetivação das políticas já existentes, como fonte de justificação do branding feminista.	Há uma revisão crítica das estruturas históricas que sustentam o regime de gênero, de modo a elaborar novas políticas públicas, que possam, de fato, ser reconhecidas como feministas. Neste caso, o branding está acompanhado de uma atualização das práticas, em uma busca por avançar em políticas de Estado.

Fonte: a autora

Uma **liderança normativa hegemônica** é aquela que não modifica características do poder patriarcal e atua a partir de um modelo tradicional de política, além de estar baseada em uma perspectiva internacional tradicional que delimita a sua compreensão em torno da agenda gênero como práticas e normas coloniais para instaurar um viés da modernidade, tendo como meta o desenvolvimento dos países (Rivera Cusicanqui, 2010; Paredes, 2013). O que se pode identificar no movimento de liderança é que ainda que haja uma pequena revisão de parâmetros do regime de gênero, como a elaboração de políticas públicas de igualdade de gênero a exemplo da licença parental, leis de equidade no serviço público e paridade salarial, essas medidas são estabelecidas em torno de um constrangimento do sistema internacional. Limita-se, em muitos casos, às normas institucionais do Estados e, em outros, em normas institucionais de governos – o que indica que qualquer mudança ideológica partidária fará com que tais normas sejam descontinuadas. Ou seja, defende-se a igualdade entre homens e mulheres, mas não há maior aprofundamento dessas questões por meio da revisão dos aspectos que constituem a estrutura institucional (capacidades materiais e culturais). Ou, quando são feitas, estão limitadas à perspectiva do *gender mainstreaming*, considerando a perspectiva do binômio mulher x homem, sem incluir a diversidade de gêneros, raça e sexualidade, por exemplo.

Outro aspecto relevante a destacar é que em um contexto de exercício de **liderança normativa hegemônica**, a sociedade civil incide de modo superficial nas mudanças políticas – seja em âmbito doméstico ou externo –, uma vez que há um limite estrutural até onde os governos articulam as ideias feministas críticas com as premissas ideológicas governista na formulação das normas institucionais. Esse panorama impacta na elaboração de uma realidade na qual as políticas nomeadas como feministas são inseridas na mesma estrutura histórica patriarcal tradicional da ordem internacional e doméstica. Ou seja, as normas feministas podem reforçar e acobertar relações de poder de gênero. Nesse caso, a sociedade civil e suas ideias são assimiladas pela estrutura burocrática estatal em um processo de integração aos modelos de igualdade de gênero liberais, sem uma revisão das estruturas que informam o regime de gênero. Assim, inclui atores não estatais que não tendem a questionar a estrutura histórica vigente, visando ao aumento quantitativo da presença de mulheres nos espaços estatais e institucionais da política externa, do que qualitativo sobre os processos e resultados. Essa característica do modelo de **liderança normativa hegemônica** favorece a criação de normas frágeis e facilmente contestadas por forças institucionais contrárias.

Por último, a **liderança normativa contra-hegemônica** pode ser descrita como um modelo ideal para se pensar uma PEF que revise as estruturas históricas vigentes da atual ordem mundial. Nesse caso, é possível identificar que a elaboração das normas acontece em um sentido para que sejam despatriarcalizadoras[21], desneoliberalizantes[22] e descolonizadoras, no sentido de valorização das experiências locais como forma de revisão das relações entre homens e mulheres, e, indo além do par binário, incluindo outras identidades de gênero, raça e sexualidade. Obviamente é imprescindível a compreensão de que a principal violência do patriarcado é a violência contra às mulheres, e que ela é estruturante das relações sociais. Contudo, o argumento é que as perspectivas de uma liderança contra-hegemônica teriam mais capacidades de mudanças históricas ao incluir uma visão interseccional da violência, ou seja, ampliando a interlocução das mulheres com questões relativas à raça, à classe e ao gênero. Espera-se, portanto, que esse tipo de liderança revise toda a estrutura histórica que sustenta o regime de gênero no interior de suas instituições e do Estado,

---

[21] A partir de uma reconceitualização feita pelo feminismo comunitário (Paredes, 2012), o processo de despatriarcalização pensa o patriarcado como um sistema de poder que rege toda a lógica de opressão, subjugação e violência que atualmente não afeta somente os corpos das mulheres, mas que foi historicamente construído sobre o corpo feminino. O patriarcado se reinventa a partir das diferentes estruturas históricas, e o ato de desenvolver políticas despatriarcalizadoras é reconhecer essas vertentes do patriarcado enquanto estrutura que define os sistemas, e também é incluir as perspectivas das mulheres, pessoas trans, homens pobres (interseccionalidade) nos processos para repensar a agência, estrutura e práticas a partir de suas ideias e instituições.

[22] O neoliberalismo reforçou práticas colonizadoras e contribuiu na consolidação das relações desiguais que foram articuladas durante os processos de colonização nos países do Sul Global. Os conceitos como desenvolvimento, cooperação e modernidade foram estabelecidos a partir de um ideal de "levar ajuda" e "salvar" aqueles identificados como os "outros", e estabelecer como via única o desenvolvimento econômico de acumulação do capital, por meio da mesma trajetória do Norte Global. Essa estrutura chegou aos países do Sul e sobrepôs opressões e desigualdades, fortaleceu regimes de classe, gênero e raça que subjugam determinados corpos por meio legítimo de políticas estatais e suas cooperações com organismos internacionais. Desneoliberalizar é atuar em conjunto com os atores dos países do Sul por uma construção coletiva e contextualizada do desenvolvimento, da cooperação e dos feminismos. É não estabelecer um ideal universal sobre as práticas de cooperação pela via da internacionalização de políticas e da equidade de gênero.

elaborando normas conjuntas para impulsionar mudanças na formulação das ideias que fundamentam as instituições estatais. O movimento das lideranças tende a ir além da criação de normas institucionais e incluem uma reforma nas instituições estatais, de modo que não haja uma fácil contestação em casos de alternância do poder governamental, trabalhando em prol de tornar a política de governo em uma política de Estado.

Tendo em vista tais aspectos, é importante delimitar como essa categoria agência pode ser analisada em cada contexto de PEF. Como identificado anteriormente, os tipos de lideranças normativas podem ser observados em investigações diretas às normas concretas elaboradas por dado governo feminista. Entende-se que essa é apenas uma das formas de realizar esse estudo, podendo ser ampliado a uma combinação analítica entre as normas institucionais e os discursos públicos dos indivíduos que representam tal liderança normativa. Esta pesquisa se limita à verificação das normas institucionais concretizadas nos documentos oficiais que delimitam às características da PEF de um dado país, o que não descarta uma futura ampliação investigativa para correlacionar com os discursos e ampliar a observação do impacto no aspecto prático da cooperação internacional para o desenvolvimento[23].

Nesse sentido, ao longo da seção, são apresentados alguns *insights* em torno do que se acredita ser importante considerar para sugerir o tipo de liderança normativa exercida por um dado país que declara a implementação de uma PEF. Em primeiro lugar, considera-se relevante observar as normas institucionais concretas considerando como o "outro" é definido e construído, bem como a categoria mulher é incorporada à dimensão estrutural (capacidades materiais e culturais). O nível de análise dessas normas está relacionado ao fato de se configurarem como a carta de apresentação

---

[23] O objetivo é que este modelo de análise seja expansível de acordo com as necessidades e objetivos de investigação, sendo adaptado ao contexto do pesquisador e do país pesquisado. Não se espera apresentar uma fórmula rígida para uma investigação generalista. O princípio que guia esse esforço metodológico feminista é, de fato, a elaboração de uma primeira versão analítica decolonial da Política Externa Feminista, e que essa versão possa ser trabalhada coletivamente e evolua de acordo com as realidades para as quais servirá.

de um Estado/governo e como essa busca pode ser lida no sistema internacional. A liderança está na esfera da construção do imaginário social a partir da norma institucional posta na arena pública. Como essas instituições são capazes ou não de colocar um Estado como mantenedor da estrutura histórica, simpatizante da causa de gênero ou transformador do regime de gênero — ainda que apenas domesticamente. Os conteúdos dessas normas e os significados apresentados nas estruturas institucionais podem inferir o modelo de liderança e, por conseguinte, a agência desempenhada pelo Estado/governo.

Defino uma correlação analítica entre os aspectos que podem ser identificados como uma **liderança normativa hegemônica** e outros que estão relacionados a uma **liderança normativa contra-hegemônica**. A partir da avaliação do tipo de liderança de uma dada política externa, é importante compreender a estrutura sobre a qual esta política está sendo implementada e desenvolvida. Uma vez que tal estrutura é o que influi diretamente nas capacidades de articulação prática de cada PEF.

Quadro 5 – (Re)interpretação da variável estrutura

ESTRUTURA
A agência e estrutura atuam de forma complementares. Por isso, a disponibilidade do tipo de liderança de um Estado estará atrelada a sua compreensão sob as condições favoráveis para a mudança estrutural e/ou apenas discursiva da ação exterior.
Neste nível, deve-se considerar o contexto histórico do país para identificar a dimensão da capacidade revisionista em termos de estrutura em acordo com: a) aspectos da política doméstica e tradição de posicionamento internacional, e b) assimilação da agenda internacional de gênero à burocracia do Estado

Fonte: a autora

Essa variável está diretamente relacionada ao que Aggestam e True (2020) denominaram de *gender mainstreaming,* que influi na forma como os governos atuam na elaboração de políticas domésticas e externas, bem como na adesão ao posicionamento internacional. No que tange à questão doméstica, a capacidade de assimilação das burocracias possibilita observar se o que é elaborado por dado governo é capaz de articular uma modificação nas relações e percepções sobre a matéria de gênero e alcançar as estruturas a ponto de ser transformada em política de Estado, e, assim, acessar outras políticas públicas, como é o caso da política externa.

A compreensão em torno da correlação estabelecida entre as normas institucionais e as práticas no contexto da CID é fundamental para a conclusão desta pesquisa, por isso, é importante considerar de maneira específica a estrutura da CID, tanto no país que desenvolve uma política feminista quanto no país receptor para o estudo de caso. Conforme já mencionado, a estrutura da CID foi tradicionalmente estabelecida por meio de duas interpretações: ajuda ao desenvolvimento e o combate à pobreza. Esse enfoque, em muitos casos, deixou de lado a compreensão sobre a congruência da cooperação, principalmente quando se trata da relação Norte-Sul.

Nesse sentido, para a análise da estrutura sob a qual é articulada a agenda de CID na PEF, assume-se que, pelo menos, duas relações entre agência e estrutura são previsíveis. A intenção do modelo analítico aqui desenvolvido é indicar que um determinado país pode oscilar entre a ideia de hegemonia e contra-hegemonia de acordo com agendas específicas. Por isso, a correlação entre agência e estrutura, aqui sugeridas, devem ser entendidas como extremos opostos da intersecção entre essas variáveis, mas que entre esses extremos opostos há diversas possibilidades de combinação.

Ao identificar os tipos de agência e as capacidades de revisão da estrutura da CID nos documentos que estruturam a PEF de um dado país, é possível observar à medida que as normas institucionais que estabelecem o consenso de ideias em torno de um governo e de uma política feminista acessam a estrutura que fundamenta e sustenta a CID. Assim, podem incidir diretamente na capacidade prática de implementação da política em âmbito bilateral. A estrutura histórica observada nessa etapa da análise pode ser, em um extremo, de manutenção do *status quo*, ou seja, hegemônica no sentido em que reforça os padrões de dominação da ordem mundial vigente, ou contra-hegemônica, na busca por contestar a estrutura histórica e incluir as perspectivas das ideias coletivas locais nos processos institucionais conformados pela realidade estrutural do Estado.

Quadro 6 – Modelos de estruturas da Cooperação Internacional para o Desenvolvimento

ESTRUTURA HEGEMÔNICA DA CID	ESTRUTURA CONTRA-HEGEMÔNICA DA CID
Assimilação dos aspectos centrais de normas internacionais de gênero (Cedaw, Resolução 1325, Agenda 2030, e para os países europeus, das normas da União Europeia).	**Integração** de aspectos das normas internacionais de gênero (Cedaw, Resolução 1235, Agenda 2030, e para os países europeus, das normas da União Europeia), a partir de atualização dos conceitos tendo em vista parâmetros interseccionais.
A burocracia e as normas institucionais do Estado são **reflexo** das normas internacionais e regionais.	A burocracia e as normas institucionais do Estado são comprometidas com os padrões normativos internacionais de gênero, mas consideram o **contexto histórico** e as **relações sociais** específicas de cada território.
Assimilação das normas internacionais como uma estratégia para ter reconhecimento no sistema internacional, atuando apenas de forma superficial na publicação de documentos e pareceres que reforcem o branding pró-gênero e/ou feminista.	**Integração** das normas internacionais como ferramentas para alcance prático da igualdade de gênero, e como base para a elaboração de políticas públicas feministas. Os resultados são a evidência da ativação do branding e de práticas feministas.

Fonte: a autora

Assim, ao realizar a última etapa analítica de observação para dimensionar se um país que assume o paradigma feminista atua de forma cooperativa ou anticooperativa na CID, é importante delimitar o que se compreende em torno da categoria práticas e como sugere-se que seja observada.

Quadro 7 – (Re)interpretação da variável práticas

PRÁTICAS
Quando uma agência se dispõe a institucionalizar um paradigma de Política Externa Feminista, as práticas adotadas refletem os resultados da implementação dessa ação exterior.
No contexto da Cooperação Internacional para o Desenvolvimento (CID), considerando a disponibilidade para a participação ativa dos beneficiários na elaboração dos projetos e suas formas de interação com os doadores, os resultados dessa relação podem ser classificados como Cooperação Solidária de Gênero ou Anticooperação Solidária de Gênero.

Fonte: a autora

A institucionalização do feminismo em organizações estatais é fundamental para avaliar a forma como um dado governo integra o que denomina de PEF. Isso se dá em razão de que o processo de assimilação do feminismo na cultura institucional das burocracias estatais é capaz de fortalecer as mudanças estruturais e a articulação de determinada liderança normativa, colaborando na manutenção do viés feminista mesmo com alternância de governo. Por outro lado, nas políticas específicas, deve-se avaliar a capacidade de inclusão da perspectiva dos atores locais dos Estados receptores e se há a internacionalização de práticas domésticas.

A dimensão prática do modelo analítico aqui desenvolvido é factível a partir do acesso à estrutura das políticas e aos atores locais que recebem e a implementam. É importante que haja uma observação dos "dois lados" para depreender as cargas interpretativas de um mesmo fenômeno, por parte do financiador e do beneficiário, que podem impactar na efetividade de uma política. O estudo do processo de avaliação da implementação contribui na identificação dos atores envolvidos e integrados, se houve uma lógica de internacionalização de políticas públicas ou uma construção coletiva de práticas favoráveis aos dois lados.

Partindo desse guia, será possível observar:

i. a medida em que ocorreram ou não processos de internacionalização de políticas públicas suecas por meio da implementação dos projetos, principalmente no que tange a não inclusão de conceitos e perspectivas locais, e

ii. como os acordos são estruturados, se estão ou não questionando os padrões patriarcais e hierárquicos da negociação internacional, ou seja, mantendo a estrutura histórica vigente na ordem mundial.

O principal ponto dessa proposta de modelo analítico é que não se estabelece a possibilidade de uma generalização sobre um dado Estado, mas reconhece que é possível haver uma gradação da atuação estatal em uma política externa, dada a sua variedade de atores e parceiros no sistema internacional. É necessário concordar também que em contextos feministas existem lógicas de interesse e, por isso, um governo que anuncia uma perspectiva feminista e/ou pró-gênero pode oscilar de acordo com quem está tecendo uma dada relação e o contexto/momento da relação. Por isso, os resultados devem ser testados para momentos específicos, com pares determinados e em agendas setorizadas e temáticas. Os resultados contribuirão para depreender onde o Estado deve incidir para reavaliar suas capacidades de questionar a estrutura histórica vigente e romper com padrões de dominação no sistema internacional, principalmente em situações nas quais se envolve a nomenclatura feminista[24].

No modelo de avaliação proposto, como anteriormente mencionado, considera-se a possibilidade de o Estado transitar em um *continuum* entre os dois tipos ideais, não sendo enquadrado por completo em apenas um ou outro. Por isso, entendo esse *continuum* como um gradiente atravessado por matizes. Considero que os limites possíveis para os governos que aderem a uma política externa feminista são de PEF hegemônica ou PEF contra-hegemônica, com práticas de cooperação solidária de gênero ou anticooperação solidária de gênero.

O esforço de representar esse modelo graficamente se deu na intenção de contribuir para a visualização do leitor sobre a ideia de *continuum* e constante movimento dos países nessas concepções de política externa feminista. A ideia é que, como extensivamente explicado, as pessoas que futuramente o utilizem em suas pesquisas tenham a possibilidade de adaptá-lo para diferentes estudos de caso, seja de países doadores quanto receptores, e ainda para outras agendas prioritárias para a PEF, como comércio e segurança,

---

[24] Em 2023, fui consultora da Oxfam Espanha para o desenvolvimento de um modelo de análise da ação exterior feminista espanhola para o Sahel, dessa maneira, uma aplicabilidade do modelo desenhado neste livro (e, primeiramente, em minha Tese) pode ser acessado no link: https://www.oxfamintermon.org/es/publicacion/guia-evaluacion-politica-exterior-feminista

mas também aquelas agendas que não estão no primeiro rol de aplicação da perspectiva feminista. O objetivo não é desconstruir os avanços já alcançados pelos governos em termos de articulação de políticas externas feministas, mas apresentar outras possibilidades de articulação feministas e revisão do que fora elaborado ao longo dos últimos 10 anos de anúncios de políticas externas feministas[25].

Figura 1 – Representação gráfica do Modelo de Avaliação de Congruência de Política Externa Feminista

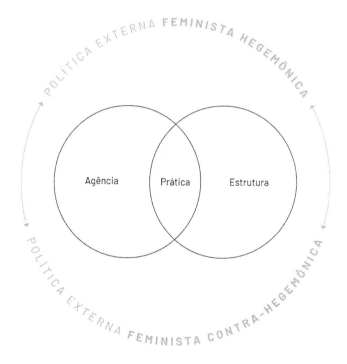

Fonte: a autora

---

[25] Importante destacar que o anúncio da Suécia foi no ano de 2014, com a eleição do Primeiro--Ministro Stefan Lofven. No ano de 2022, a coalizão que compunha a base aliada do governo que implementou a política externa feminista perdeu as eleições e o atual Primeiro-Ministro – considerado de extrema direita pela opinião pública internacional – Ulf Kristersson, anunciou em outubro de 2022 que a política externa sueca não seria mais categorizada como feminista, mas que seguiria na busca pela igualdade de gênero.

Dada a proposta de trânsito entre os tipos de PEF e seus resultados práticos a partir da interação das categorias selecionadas, indicam-se possíveis combinações de resultados para os casos, quando aplicados a esse modelo.

Quadro 8 – Combinações de resultados de Política Externa Feminista

AGÊNCIA	ESTRUTURA	PRÁTICA	PEF
Liderança Normativa Hegemônica	Hegemônica	Anticooperação Solidária de Gênero	Hegemônica .
Liderança Normativa Hegemônica	Contra-Hegemônica	Oscilação de práticas	Oscilação de tipos ideais da PEF
Oscilação entre os tipos de Liderança	Hegemônica	Oscilação de práticas	Hegemônica
Liderança Normativa Contra-Hegemônica	Hegemônica	Oscilação de práticas	Hegemônica
Liderança Normativa Contra-Hegemônica	Contra-Hegemônica	Cooperação Solidária de Gênero	Contra-Hegemônica

Fonte: a autora

O Quadro 8 foi elaborado com a intenção de reforçar a ideia de que pode haver casos nos quais os países vão oscilar entre práticas de cooperação e anticooperação, de acordo com a disponibilidade das estruturas internas de absorção das normas de gênero, bem com a assimilação da agenda burocrática de gênero. Isso revela que o modelo não se encerra nessa pesquisa, podendo ser revisado para incluir novas combinações de acordo com as investigações que forem realizadas. É, nesse sentido, uma proposta metodológica de fomento coletivo, buscando atender o objetivo mais próximo da ideia de solidariedade feminista proposta por Mohanty (1988).

COMO APLICAR O MODELO?

Para compreender e analisar as normas concretas seguindo as variáveis do modelo de avaliação, optei por adequar a metodologia de Análise de Conteúdo, seguindo os princípios delineados por Laurence Bardin (2011), que delimita os procedimentos para analisar o conteúdo de documentos e extrair significados e significantes deles. Isto porque entendo que por meio desta metodologia analítica das normas institucionais de um Estado/governo, é possível observar a construção da realidade política, social e econômica, contribuindo para a compreensão em torno das modificações estabelecidas pela adoção da PEF. De maneira bem resumida, buscarei explicar um pouco do que é esta metodologia, e como eu selecionei o material de análise.

Bardin (2011[1977]) define que a AC deve ser realizada em três fases: a) pré-análise que é referente à leitura, referenciação dos índices, elaboração de indicadores e organização dos materiais; b) exploração do material, que é a classificação e codificação das fontes; c) tratamento dos resultados, por meio da inferência e interpretação. No método proposto, essas etapas sugeridas por Bardin (2011) serão aplicadas sobre a sistematização das fontes de políticas internacionais que influenciam na formulação da agenda doméstica dos governos e se retroalimentam.

A compreensão de que a agência pode ser exercida por uma liderança normativa hegemônica ou contra-hegemônica fomenta identificar quais aspectos da transformação da estrutura histórica da Cedaw, da Resolução 1325 e da Agenda 2030 foram integrados aos modelos de agência. Igualmente necessário considerar se houve uma revisão e adequação contextual e de integração de perspectivas coletivas ou se foi uma incorporação direta às normativas domésticas, reforçando o consenso de ideias hegemônicas da ordem mundial vigente.

Na fase de pré-análise, a seleção dos documentos para estabelecer a caracterização do tipo de agência e a correlação com os aspectos de transformação da estrutura histórica das normas internacionais, esteve relacionada com a relação entre as normativas institucionais e as práticas implementadas pelos governos que assumem um *branding* feminista em suas políticas externas. Muito no sentido debatido sobre as políticas de CID, parto de pressupostos de que pode, em alguma medida, não haver uma congruência entre as normativas feministas e as práticas desses mesmos governos. Por isso, as instituições serão tratadas como atores que exercem a liderança que produzem tais normas[26].

Para analisar o tipo de agência de um governo que propõe uma Política Externa Feminista, sugiro a análise dos documentos que institucionalizam tais normas e a organização dos princípios pró-gênero e/ou feministas compatíveis (internacionalmente e domesticamente), já que se entende que as instituições se revelam como atores que têm como objetivo a mediação dos conflitos de ideias antagônicas e é responsável pela estabilidade da ordem por meio do compartilhamento de imagens coletivas compatíveis. Tendo em vista que uma das razões pelas quais um dado governo se coloca como *gender friendly* pode ser apenas pelo constrangimento das estruturas internacionais, essa análise foi dividida em duas dimensões: normatização externa e normatização doméstica.

A compreensão de que a política externa é uma política pública reforça o meu interesse em apresentar a dimensão doméstica que informa às estruturas que elaboram a política externa. Dessa maneira, é importante ressaltar que cada país a ser avaliado apresenta aspectos domésticos específicos que se entrecruzam ao longo do processo de delimitação de uma política externa como feminista, e tais realidades devem ser consideradas para identificar os contextos e as estruturas históricas sob as quais as normativas institucionais foram produzidas. Entendo que no caso sueco, que foi o que estudei ao longo da minha pesquisa de doutorado e que trago como exemplo neste livro, há três normativas institucionais domésticas que devem ser consideradas: i) as ideias normativas em torno da *Gender Equality Policy* (1970), que foi uma das primeiras

---

[26] Importante reforçar o aspecto absorvido da perspectiva crítica para a criação deste método é a compreensão de que as lideranças estão representadas nas regras institucionais, porque as instituições são entendidas como atores reguladores e unificadores de uma norma coletiva – ou seja, geradoras de um certo consenso de ideias – ainda que seja limitado ao escopo normativo.

diretrizes a incorporar normas coletivas para o consenso de ideias em torno da igualdade de gênero a partir dos avanços internacionais na matéria; ii) a criação da *Swedish Gender Equality Agency* pelo governo social democrata para corroborar e institucionalizar domesticamente a política feminista e, por fim, iii) a comunicação do governo sueco sobre os objetivos da política feminista, publicada em 2016, também após o anuncio da PEF.

Além dessas normativas domésticas, o plano internacional foi analisado por meio do primeiro documento publicado pelo governo sueco, em 2018, que se entende ter sido o grande esforço para a elaboração da norma coletiva em torno da PEF. Apesar de haver sido lançado somente quatro anos após o anúncio, congrega as percepções de internacionalização do que se entende por política feminista por meio da delimitação das ações em embaixadas e outros ministérios que trabalham em relação com o Ministério de Relações Exteriores. Outros documentos que em meu ponto de vista são importantes como um guia para a análise do *Handbook Sweden 's feminist foreign policy* são os planos de incorporação das normativas[27] Cedaw, Resolução 1325 e Agenda 2030.

Nesse seguimento, compreendo que foi cumprido o critério de exaustividade a partir da definição do campo do *corpus* (normatização da Política Externa Feminista), considerando o critério de representatividade, uma vez que é uma amostra distintiva do universo inicial (governo/lideranças da Suécia) e, assim, passível de generalização. Obedece a regra da homogeneidade, no sentido que são documentos institucionalizadores das regras e dos métodos de implementação da política feminista e de gênero em todas as esferas da estrutura internacional e doméstica do governo sueco, além de estabelecer as agendas prioritárias de atuação. E, por fim,

---

[27] Women, Peace & Security Sweden's National Action Plan for the implementation of the UN Security Council's Resolutions on Women, Peace and Security 2016–2020; Policy for global development in the implementation of the 2030 Agenda; Tenth Periodic Report by the Government of Sweden on the measures in accordance with the Convention on the Elimination of All Forms of Discrimination against Women (2020); Tenth Periodic Report by the Government of Sweden on the measures in accordance with the Convention on the Elimination of All Forms of Discrimination against Women.

obedece a regra da pertinência, uma vez que cumpre o objetivo de analisar as regras institucionalizadas.

A estrutura foi observada a partir do reconhecimento da criação do *Gender Mainstreaming in Government Agencies* (GMGA), que é o programa estabelecido pelo governo sueco para transversalizar a agenda de igualdade de gênero entre as agências do Estado, no qual 41 agências integram esse plano, incluindo a agência de cooperação sueca (Sida). Entendo, dessa forma, que a assimilação do GMGA por uma dada agência configura a dimensão doméstica da estrutura (estrutura histórica doméstica), enquanto a captação das normas internacionais configura a dimensão externa (estrutura histórica externa), no sentido de as regras institucionais nacionais serem modificadas a partir da mudança do paradigma internacional que demandou a adesão de perspectivas mais gênero sensitivas por parte de governos que buscam afirmar seu *status* democrático. Nessa etapa, os documentos analisados foram: *Gender Mainstreaming; New European Consensus on Development; Declaración conjunta del Consejo y los representantes de los Gobiernos de los Estados miembros reunidos en el seno del Consejo, del Parlamento Europeo y de la Comisión; e Summary of SIDA's work with Gender Equality.*

Ao identificar os tipos de agência e as capacidades de revisão da estrutura da CID nos documentos que estruturam a PEF de um dado país, é possível observar à medida que as normas institucionais que estabelecem o consenso de ideias em torno de um governo e de uma política feminista acessam a estrutura que fundamenta e sustenta a CID. Assim, podem incidir diretamente na capacidade prática de implementação da política em âmbito bilateral. A estrutura histórica observada nessa etapa da análise pode ser, em um extremo, de manutenção do *status quo*, ou seja, hegemônica no sentido em que reforça os padrões de dominação da ordem mundial vigente, ou contra-hegemônica, na busca por contestar a estrutura histórica e incluir as perspectivas das ideias coletivas locais nos processos institucionais conformados pela realidade estrutural do Estado.

Tendo em vista os processos anteriormente descritos, considerei importante analisar na categoria da prática os documentos de avaliação da implementação das políticas de cooperação. O estudo de caso específico aqui selecionado é a Estratégia de Cooperação Suécia-Bolívia, entre os anos de 2016 e 2020. É importante sinalizar que a cooperação sueca é desempenhada por meio da *Swedish International Development Cooperation Agency* (Sida) por meio das embaixadas suecas e/ou de organizações não governamentais de nacionalidade sueca com filiais nos países receptores da Cooperação. No caso da Bolívia, a Suécia possui uma longa relação de cooperação bilateral, que perpassou diversas fases e que, na atualidade, é desenvolvida pela Embaixada da Suécia em La Paz e pela Diakonia, ONG sueca.

No caso da Cooperação sueca na Bolívia, os projetos estão descentralizados da capital La Paz, além da elevada quantidade de projetos e atores parceiros na atualidade, o que não contribuiu para que houvesse uma coleta de dados em campo. Nada obstante, é interessante sinalizar que o estudo aprofundado das narrativas apresentadas sobre os resultados das ações de Cooperação também é capaz de revelar à medida em que há um favorecimento de determinadas compreensões sobre a CID, por se tratar de atores internos a dinâmica da cooperação sueca, bem como podem vir a reproduzir perspectivas de liderança normativa do governo, o que já configura, a depender do caso, uma prática de anticooperação.

Dessa maneira, no que tange aos elementos disponíveis para a avaliação da prática dos projetos de cooperação da Suécia com a Bolívia, foi possível verificar os seguintes documentos: *Sida's Evaluation Handbook Guidelines*; *Manual for Conducting Evaluations at Sida*; *Evaluation at Sida Annual Report 2020*; *External Evaluation of the Swedish Cooperation Strategy with Bolivia 2016–2020*; e *Evaluation at Sida Annual Report 2020*.

PARTE IV.

ESTUDO DE CASO: É IMPORTANTE CONHECER A HISTÓRIA DO "OUTRO"

A agenda de Cooperação Internacional para o Desenvolvimento se revela como importante para pensar os princípios da política feminista sueca uma vez que estabelece elevado grau de interlocução com os demais temas da ação exterior do país. Faz-se importante considerar que, como parte da União Europeia, a Suécia atua na arena internacional em complementaridade com as perspectivas e procedimentos da agência e da estrutura do bloco europeu. Anteriormente eu sublinhei que a UE, particularmente no princípio dos anos 1990, deu início a um processo de inclusão do sentido de coerência de políticas de desenvolvimento. Mas é importante ressaltar também que tal perspectiva foi resultado de um movimento global de transição da ideia de desenvolvimento para desenvolvimento sustentável. Assim como a UE, outros atores do sistema internacional passaram a trabalhar esse conceito de coerência de políticas, como foi o caso do Comitê de Assistência ao Desenvolvimento da OCDE, que foi o primeiro, em 1991, a introduzir uma relação entre as políticas de ajuda ao desenvolvimento e outras áreas de políticas de desenvolvimento (Strindevall, 2018).

Com o estabelecimento da Agenda 2030, essa ideia de coerência também incorporou a adjetivação da sustentabilidade, formatando o conceito de Coerência de Políticas para o Desenvolvimento Sustentável (Strindevall, 2018).

> [...] A estrutura do PCSD "é fundamental para informar a tomada de decisões e gerenciar possíveis *trade-offs* e tensões entre os objetivos políticos" e implementar as políticas emergentes da Agenda 2030 em um contexto nacional (OCDE, 2016, p. 53).

> Para concluir, o quadro PCSD é fundamental para alcançar a coerência das políticas, tanto horizontal como verticalmente [...] as noções derivadas do quadro PCSD são que a coerência das políticas melhora a eficiência e o impacto e prolonga os efeitos. A estrutura do PCSD visa apoiar a implementação dos ODS e alcançar os melhores resultados possíveis da Agenda 2030. (Strindevall, 2018, p. 16, tradução própria)[28].

Esses dados históricos contribuem para o estabelecimento da conexão entre as perspectivas de política para o desenvolvimento mobilizadas no e pelo bloco europeu, bem como as normas e estruturas internacionais sob as quais se baseiam os Estados membros da UE para articular suas políticas de CID. Além disso, é pertinente mencionar que, desde 2016, a OCDE faz uso do *PCSD screening tool: An integrated checklist of key elements to be considered*, que, de modo mais geral, é uma caixa de ferramentas para avaliar a coerência das políticas de cooperação implementadas pelos diferentes governos. Mas de maneira específica, é um processo no qual são apresentados aspectos determinados a que devem ser avaliados para determinar a coerência de uma dada política de desenvolvimento em particular com relação às metas da Agenda 2030, ou seja, "[...] consiste em questões dirigidas a um nível específico de cada país, a fim de promover a coerência entre as políticas nacionais e os ODS" (Strindevall, 2018, p. 16. Tradução própria)[29].

---

[28] No original: "PCSD provides such a framework, whereas it identifies critical interactions among the 17 SDG[s]" (OECD, 2018a, p. 2). Vertical policy coherence is required since "[a] transformative agenda involves aggregated actions at the local, national, regional and global levels" (OECD, 2016, p. 20-21). PCSD meets this requirement as it provides a framework for considering the effects of policies on future generations and on other countries'" (OECD, 2018a, p. 2). The PCSD framework is fundamental to inform decision making and manage potential trade-offs and tensions between policy objectives" and implementing the policies emerging from Agenda 2030 into a national context (OECD, 2016, p. 53). To conclude, the PCSD framework is paramount for achieving policy coherence both horizontally and vertically. This study applies the PCSD framework to examine vertical policy coherence. The notions deriving from the PCSD framework are that policy coherence improves efficiency and impact, and elongates effects. The PCSD framework is meant to support the implementation of the SDGs and achieve the best possible results of Agenda 2030." (Strindevall, 2018, p. 16).

[29] No original: "[...] consists of questions aimed at a country-specific level in order to foster policy coherence between national policies and the SDGs" (Strindevall, 2018, p. 16).

Nesse cenário, a União Europeia publicou, em 2017, o documento *European Consensus Document,* no qual reitera os compromissos do *Treaty of Maastricht* (1992) e do *Treaty of Lisbon* (2009). Indicativo de que o bloco e seus países-membros entendem que a coerência de políticas de desenvolvimento é fundamental para construir e alcançar as metas da Agenda 2030 para o desenvolvimento sustentável. Tendo em consideração a natureza de tais normas institucionais, o documento europeu de 2017 será considerado como fonte para a análise da estrutura da Cooperação Internacional para Desenvolvimento da Suécia, a partir da percepção de que é fonte para os Estados-membros estabelecerem suas políticas domésticas na CID e os respectivos objetivos das políticas de cooperação.

Na Suécia, as políticas de cooperação são desenvolvidas e implementadas especificamente por meio da *Swedish International Development Cooperation Agency* (Sida, sigla em inglês), instituição ligada ao Parlamento e ao governo do país, com a missão de reduzir a pobreza no mundo e estabelecer acordos com a sociedade civil, universidades e setores públicos e privados (Sida, s/d). A partir do anúncio da PEF, em 2014, o então governo sueco orientou que toda a estrutura burocrática do Estado incluísse as lentes de gênero em seus trabalhos. Em 2015, a Sida foi uma das 41 agências a desenvolver o *Plan for Gender Integration* (Bjarnegård; Uggla, 2018).

As políticas formuladas pela Sida giram em torno do cumprimento da Política Sueca para o Desenvolvimento Global e estabelecem cooperação bilateral com 35 países na África, América Latina, Ásia e Europa. De acordo com representantes da Unidade Igualdade de Gênero, Paz e Segurança América Latina da Sida[30], apesar de ser parte do Ministério de Relações Exteriores, a agência possui certa autonomia na delimitação e orientação das políticas desenvolvidas a partir da perspectiva de gênero. Essa autonomia pode ser comprovada por meio de uma análise comparada entre as normas institucionais que informam a agência da PEF do país com as normas institucionais que têm a capacidade de transformar as estruturas históricas da cooperação do país.

---

[30] Em entrevista concedida via zoom, no dia 9 de janeiro de 2023.

Outro aspecto importante é que o trabalho de cooperação da Sida é descrito a partir do papel de alocação dos fundos no desenvolvimento de conhecimento e competência, enquanto os parceiros gerenciam e executam os projetos, reforçando que cada país é responsável pelo seu próprio desenvolvimento, sendo os parceiros locais aqueles que possuem as melhores soluções para os problemas. No tema da igualdade de gênero, a agência específica que se trata de igualdade de direitos para todas as pessoas e é vista como prioridade da política de cooperação[31]. Ao longo dos anos, a Sida vem estabelecendo a igualdade de gênero como uma das principais estratégias de ação, antes mesmo da definição da política externa sueca como feminista. As áreas prioritárias da agência são: 1) direitos econômicos de meninas e mulheres; 2) participação política; 3) fim da violência de gênero; 4) educação de meninas; 5) saúde e direitos sexuais e reprodutivos; 6) paz e segurança e, por fim, 7) integração da igualdade de gênero em programas de desenvolvimento e assistência humanitária (Sida, 2018). Tanto os representantes da Unidade Igualdade de Gênero, Paz e Segurança América Latina da Sida quanto da Embaixada sueca na Bolívia[32], destacaram, em entrevista, que a perspectiva de gênero da cooperação é anterior ao anúncio da Política Externa Feminista. As articulações em torno de ações em parceria com países beneficiários tendem a ser a partir do diálogo com organizações feministas/de mulheres locais que estruturam a perspectiva contextualizada de cada espaço. A Diretoria Nacional de Programas para a Bolívia da Diakonia [33][34],

---

[31] Esta perspectiva será evidenciada na próxima seção a partir da análise específica da *Gender Tool Box* da Sida.

[32] Entrevista concedida via zoom, no dia 22 de dezembro de 2022.

[33] Entrevista concedida via zoom, no dia 28 de dezembro de 2022. Diakonia é a única organização internacional sueca que atua em território boliviano. A sede da organização está localizada em Estocolmo, Suécia.

[34] A Diakonia se descreve como uma organização de cooperação para o desenvolvimento baseada na fé cristã. O próprio nome da organização, criada na década de 1960, significa caridade e fé (em grego). Entre os pilares dessa organização está a atuação em torno da desigualdade de gênero. A Diakonia é, atualmente, a principal organização sueca que atua na Bolívia em parceria com a Embaixada sueca. Dessa maneira, a compreensão em torno dos valores da organização favorece ao entendimento dos processos articulados em território boliviano a partir da perspectiva feminista.

sublinhou que os projetos financiados pela organização são todos propostos por grupos locais e avaliados a partir da demanda social, não há editais e chamadas para temáticas específicas de cooperação.

A implementação do *Gender Mainstreaming in Government Agency* (GMGA, sigla em inglês) reforçou a metodologia estabelecida pela Sida para o desenvolvimento de políticas de cooperação. Considera-se oportuno, em primeiro lugar, definir o conceito de *gender mainstreaming,* para assim identificar os impactos gerados nas diferentes agências do governo e a capacidade de transformação da estrutura histórica do país nessa temática. O significado apresentado nos documentos da Sida é mobilizado a partir da conceituação realizada pelo Conselho Econômico e Social da ONU, em 1997[35].

> É o processo de avaliar as implicações para as mulheres, homens, meninas e meninos de qualquer ação, política ou programa planejado, em todas as áreas e em todos os níveis antes de qualquer decisão ser tomada e durante todo o processo. É uma estratégia para tornar as preocupações e experiências das mulheres e meninas, bem como dos homens e dos meninos, uma parte da concepção, implementação, acompanhamento e avaliação de políticas e programas para garantir a igualdade na contribuição e benefícios dos esforços de desenvolvimento. É um meio para alcançar resultados, não um objetivo em si. (Sida, 2020, p. 3, tradução própria)[36].

Os impactos do GMGA nas agências governamentais são avaliados pela Agência sueca de Gestão Pública. O resultado, publicado em 2019, indica que a perspectiva de *gender mainstreaming*

---

[35] Este documento tipificou a inclusão da perspectiva de gênero em todas as agências da ONU. Disponível em: https://www.un.org/womenwatch/daw/csw/GMS.PDF

[36] No original: "It is the process of assessing the implications for women, men, girls and boys of any planned action, policy or programme, in all areas and at all levels before any decisions are made and throughout the whole process. It is a strategy for making women's and girls' as well as men's and boys' concerns and experiences a part of design, implementation, monitoring and evaluation of policies and programmes to ensure equality in contribution to and benefits from development efforts. It is a means to achieve results, not a goal in itself." (Sida, 2020, p. 3).

aportou na alteração dos métodos de trabalho das agências e favoreceu mais resultados, impactando diretamente em mais igualdade de gênero (Government Of Sweden, 2020). Para além desse movimento, um importante passo foi dado, em 2018, com a criação da *Gender Equality Agency* que passou a acompanhar todo o processo de implementação da perspectiva de *gender equality* na estrutura burocrática do governo social-democrata.

Para execução dos projetos da Sida, assim como no caso da OCDE em relação à coerência de políticas para o desenvolvimento sustentável, foi estabelecido o *Gender Tool Box,* que é dividido em ferramentas (*tools*), resumos (*briefs*) e visões temáticas (*thematic overviews*) com graus de prioridades que mudam constantemente de acordo com a variação do contexto de desenvolvimento. As visões temáticas mobilizadas por meio da caixa de ferramentas são a base para o estabelecimento dos projetos de cooperação bilaterais e multilaterais, bem como organizações parceiras. De acordo com a Sida, esses temas são transversalizados pela perspectiva de combate à pobreza, que também é trabalhada a partir de uma metodologia de caixa de ferramentas, a *Poverty Tool Box.* O combate à pobreza é o objetivo central que guia o trabalho da agência de cooperação sueca, bem como a política de desenvolvimento da UE. Dessa maneira, foram estabelecidas dimensões por meio das quais as políticas de desenvolvimento devem considerar:

- Recursos: a Sida inclui a questão econômica, mas também segurança alimentar, saneamento básico, acesso à capacitação, à saúde de qualidade e terra.

- Oportunidade e escolhas: muito relacionada a como alcançar os recursos, que seria por meio do acesso à educação, saúde, infraestrutura, energia e emprego produtivo.

- Poder e voz: a capacidade de exercer os direitos humanos, articulando e participando, tendo acesso à tomada de decisões. Isso requer, de acordo com a Sida, acesso à informação e à igualdade de participação.

- Segurança humana: ações que combatam a violência física, psicológica ou sexual.

A política da Sida é transversalizar todos esses eixos nas agendas temáticas da cooperação realizada pelo país, e, nesse caso, inclui-se a igualdade de gênero. No documento *Gender Equality and Dimensions of Poverty* (2020), é apresentada a definição de interseccionalidade para agência – conceito que não estava representado e definido nas normativas institucionais das lideranças de Política Externa Feminista.

> A interseccionalidade é uma ferramenta de análise, defesa e desenvolvimento de políticas que aborda múltiplas discriminações e nos ajuda a entender como diferentes conjuntos de identidades impactam no acesso a direitos e oportunidades. Homens e mulheres vivem identidades múltiplas, em camadas, derivadas das relações sociais, da história e do funcionamento das estruturas de poder. As pessoas são membros de mais de uma comunidade ao mesmo tempo, e podem experimentar simultaneamente opressão e privilégio. Assim, a análise interseccional visa revelar múltiplas identidades, expondo os diferentes tipos de discriminação e desvantagem que ocorrem como consequência da combinação dessas identidades. (Sida, 2020, p. 1, tradução própria)[37].

A partir desse conceito de interseccionalidade como ferramenta analítica, foi definida a Análise Multidimensional da Pobreza (MDPA, sigla em inglês), que considera entender quem está em condição de pobreza, portanto, o MDPA é trabalhado em correlação com os contextos que contribuem na compreensão da causa da

---

[37] No original: "Intersectionality is a tool for analysis, advocacy and policy development that addresses multiple discriminations and helps us understand how different sets of identities impact on access to rights and opportunities. Men and women live multiple, layered identities derived from social relations, history and the operation of structures of power. People are members of more than one community at the same time, and can simultaneously experience oppression and privilege. Thus intersectional analysis aims to reveal multiple identities, exposing the different types of discrimination and disadvantage that occur as a consequence of the combination of those identities" (Sida, 2020, p. 1).

pobreza, das oportunidades de sair da pobreza e, principalmente, os riscos de agravamento da pobreza. A Sida estabeleceu quatro contextos possíveis: *Political and institutional context; Economic and social context; Conflict/Peaceful context and Environmental context.*

Considerando tal metodologia de trabalho, foram estabelecidas 19 áreas de especial interesse da cooperação sueca das quais são estabelecidas áreas de prioridade: participação política de mulheres, prevenção e respostas à violência baseada em gênero e empoderamento econômico de mulheres[38]. Essas áreas temáticas e metodologia são aplicadas na cooperação em diferentes regiões. No caso da América Latina, a cooperação regional foi retomada há poucos anos e tem sido construída em parceria com organizações sociais que possuem incidência regional e facilitam a articulação em países específicos. Mas além dessa perspectiva da região, há os acordos de cooperação a partir de relações bilaterais com quatro países latino-americanos: Bolívia, Colômbia, Cuba e Guatemala. Dentre esses, destaca-se a relação com a Bolívia e o projeto de cooperação para o período entre 2016 e 2020, que teve um orçamento estimado em mais de 20 milhões de dólares anuais (Embajada de Suecia, 2019) e que, em 2021, foi estendido até 2026.

---

[38] As áreas de especial atenção da Sida são: participação política de mulheres, igualdade de gênero e dimensões da pobreza, igualdade de gênero meio ambiente e mudanças climáticas, igualdade de gênero e setor educacional, gênero e atendimento educacional, gênero e corrupção, gênero e meio ambiente, gênero e ICT, gênero igualdade e comércio, violência de gênero e educação, gênero infraestrutura urbana e instituições financeiras internacionais, gênero e proteção social, violência de gênero on-line, igualdade de gênero e água, saneamento e higiene, mulheres e direitos da terra, mulheres e segurança alimentar, organizações de mulheres e engajamento dos homens, igualdade de gênero e equidade de gênero. Todos os documentos relativos à estas 19 áreas de interesse, bem como os relativos às áreas prioritárias da cooperação sueca, estão disponíveis em: https://www.sida.se/en/for-partners/methods-materials/gender-toolbox#block-33

Gráfico 1 – Orçamento anual da CID sueca para a Bolívia (1998-2022)

Fonte: a autora com base em Open Government Data of Swedish Aid (2023)

A estratégia da cooperação sueca com a Bolívia busca contribuir em três temas: a) fortalecimento da democracia, igualdade de gênero e respeito aos direitos humanos; b) proteção do meio ambiente, redução do impacto climático e fortalecimento da resiliência à mudança climática e desastres naturais; c) oportunidades e ferramentas para melhorar as condições de vida das pessoas em situação de pobreza. Alguns exemplos das atividades que são desenvolvidas pelo projeto têm parcerias com organismos multilaterais e iniciativas da sociedade civil. Com o apoio do Escritório das Nações Unidas sobre Drogas e Crime (UNODC)[39], o governo sueco busca o fortalecimento de tomada de decisão e combate à

---

[39] Importante sublinhar esta temática do combate ao narcotráfico, no sentido de que foi a agenda prioritária boliviana em sua política externa a partir da década de 1990. Destaca-se o fato de que os países da União Europeia e o Japão foram os que se disponibilizaram a expandir a agenda de cooperação com a Bolívia para além do tema das drogas, principalmente na década mencionada.

corrupção. Já a *Idea International*[40] contribui para o fortalecimento do setor público de cinco governos locais bolivianos e busca aumentar a participação política das mulheres. No caso da própria Sida, que apoia a organização Diakonia, uma das mais importantes na Bolívia na atuação pelos direitos humanos e tráfico de pessoas. Já por meio da organização ProMundo[41], a agência de cooperação sueca desenvolve métodos para trabalhar a masculinidade tendo em vista a prevenção da violência contra mulheres e crianças. Por fim, o Fundo de População das Nações Unidas (UNFPA) visa aos esforços para reduzir a mortalidade materna, fortalecer a saúde e os direitos sexuais e reprodutivos das mulheres jovens e povos indígenas e apoiar as mulheres que foram vítimas de violência.

Para tanto, além da Sida, para analisar a estrutura da cooperação sueca é importante observar outras instituições, uma vez que o país nórdico não estabelece somente cooperação com governos, mas também com organizações da sociedade civil dos países beneficiários. Além disso, por parte da Suécia, a cooperação pode ser executada por meio de suas embaixadas e/ou organizações nacionais com sede nos países beneficiários. Em razão da variedade de atores envolvidos na cooperação, optei por averiguar a dimensão estrutural de dois agentes institucionais fundamentais para o desenho e implementação da cooperação da Sida na Bolívia: a embaixada sueca em La Paz e a organização sueca Diakonia.

No que tange à embaixada sueca na Bolívia, o primeiro ponto a destacar é que a abertura dessa representação diplomática no país latino-americano é recente. Contudo, o governo sueco indica que possui relações de cooperação com a Bolívia há mais de 30

---

[40] O International Institute for Democracy and Electoral Assistance é uma organização sueca, fundada em 1995 com a participação de observadores de Estados latino-americanos, africanos, asiáticos e europeus. Com sede em Estocolmo, na Suécia, a organização tem como objetivo promover a democracia ao redor do mundo por meio de acordos de cooperação com a Sida, e outras agências de cooperação, como a dos EUA. O Idea International também é membro observador das Nações Unidas.

[41] A ProMundo é uma organização brasileira sem fins lucrativos que se destaca internacionalmente pelo trabalho com o tema da paternidade e incentivo à desconstrução de uma masculinidade tóxica. De acordo com a Embaixada sueca na Bolívia (2022), em entrevista, o tema da masculinidade foi inserido no trabalho de Embaixadas suecas e articulado mais intensamente a partir da adoção da perspectiva feminista para a política externa do país.

anos e que, em parte desse período, foram estabelecidos acordos de cooperação com diferentes governos bolivianos. No contexto da embaixada, o trabalho é dividido pelas áreas temáticas delimitadas desde a Sida e todas são transversalizadas pela igualdade de gênero. No entanto, há uma agenda específica de projetos em igualdade de gênero em nove eixos temáticos, em articulação de financiamento com organizações da sociedade civil boliviana e, em alguns casos, compartilhando o financiamento com organismos internacionais.

A apresentação da concepção do país em torno dos temas de desenvolvimento e ajuda indica um fortalecimento do *branding* de igualdade de gênero e sugere uma relação direta de inspiração nas normas internacionais. A ideia não parece unicamente definir o modelo de desenvolvimento aplicado pelo país, mas promovê-lo em consonância com a ordem mundial, no sentido de construir e fomentar uma relação recíproca de corroboração.

> A Suécia tem uma longa tradição de ajuda ao desenvolvimento generosa e ambiciosa. A cooperação para o desenvolvimento visa ajudar as pessoas pobres a melhorarem as suas condições de vida. A ajuda sueca ao desenvolvimento é frequentemente canalizada através de organizações internacionais como a ONU e a UE. A assistência humanitária refere-se às atividades da Suécia para salvar vidas, aliviar o sofrimento e manter a dignidade humana das pessoas afetadas por desastres naturais, conflitos armados ou outras circunstâncias semelhantes. (Embassy of Sweden, s/d. Tradução própria)[42].

Por seu turno, além de realizar projetos em conjunto com a embaixada, a Diakonia também trabalha de maneira direta com coletivos e organizações da sociedade civil boliviana, a partir de financiamentos diretos. Todavia, é importante ressaltar que, de

---

[42] No original: "Sweden has a long tradition of generous and ambitious development aid. Development cooperation is about helping to enable poor people to improve their living conditions. Swedish development aid is often channeled through international organizations such as the UN and the EU. Humanitarian assistance refers to Sweden's activities to save lives, alleviate suffering and maintain the human dignity of those affected by natural disasters, armed conflicts, or other similar circumstances" (Embassy of Sweden, s/d).

acordo com a diretoria da organização, o trabalho da instituição sempre foi pautado pela busca da igualdade de gênero e por uma relação horizontal com os atores locais beneficiários. A Diakonia é uma organização com sede na capital sueca, Estocolmo, e que foi criada em 1996, primeiramente com o nome de *Swedish Free Church Aid*, a partir de duas igrejas suecas com o foco de trabalhar com pessoas expostas a injustiças. Somente em 1984 o nome da organização foi mudado para Diakonia, que tem origem grega, e significa **caridade e serviço**.

> Na tradição cristã, [o termo Diakonia] é usado para descrever o trabalho para uma distribuição justa dos nossos recursos comuns - as riquezas da Criação. O objetivo é estar a serviço daqueles que precisam da nossa ajuda, trabalhar para a mudança e ter fé na capacidade das pessoas de fazer mudanças - não esperar que as coisas aconteçam sozinhas [...] os cinco temas básicos do nosso trabalho são direitos humanos, democracia, justiça social e econômica, igualdade de gênero e conflito e justiça. Estas áreas são enunciadas e delineadas na nossa política global, que constitui a base do nosso trabalho. (Diakonia, s/d. Tradução própria.)[43]

Especificamente na Bolívia, a Diakonia atua na área de direitos humanos a partir da articulação dos direitos de mulheres e povos indígenas com objetivo de garantir representação política e honra aos direitos humanos dessas populações. Em termos específicos de igualdade de gênero, a organização descreve que combate à violência de gênero, principalmente a violência contra as mulheres, e auxilia organizações locais a fornecer suporte jurídico e acesso à informação sobre violência de gênero. Há também uma articulação em torno do respeito aos direitos sexuais e reprodutivos. Por fim,

---

[43] No original: "In the Christian tradition, it is used to describe work for a just distribution of our common resources – the riches of Creation. The aim is to be at the service of those who need our help, to work for change and to have faith in people's ability to make changes – not wait for things to happen by themselves [...] The five basic themes of our work are human rights, democracy, social and economic justice, gender equality and conflict and justice. These areas are stated and outlined in our global policy, which forms the foundation of our work." (Diakonia, s/d). Disponível em: https://www.diakonia.se/en/about-us/organization/history/

na temática de justiça social e econômica, a ação da instituição está baseada no desenvolvimento sustentável e na justiça climática como meios de distribuição de riqueza e acesso aos recursos naturais, a partir de projetos que fomentem o poder econômico das mulheres e a autodeterminação dos povos (Diakonia, s/d).

Pensar a relação da igreja com a igualdade de gênero remonta a uma perspectiva tradicional e de manutenção dos papéis de gênero. Sem considerar especificamente a Diakonia, é interessante resgatar as investidas de oposição da Igreja Católica e Protestantes no avanço da igualdade de gênero, mesmo sendo uma perspectiva hegemônica, que não revisa as estruturas históricas da desigualdade de gênero. Então, em primeiro momento, é questionável, até certo ponto, o papel de uma organização de origem religiosa como ator promotor e difusor do *branding* da política de cooperação para o desenvolvimento de um governo feminista. É válido reconhecer a existência de movimentos feministas cristãos que ao longo dos anos atuam no questionamento da estrutura patriarcal das religiões, além da forma como as mulheres e identidades de gênero são subjugadas por um favorecimento do exercício do poder masculino e controle da fé. Contudo, uma das principais buscas desse movimento é a existência de Estados laicos[44]. É válido sublinhar que as normativas suecas não fazem menção à religião e que essa perspectiva é adotada, até onde se pôde observar ao longo da pesquisa, como definição estrita da Diakonia, sem uma relação com o Estado e os diferentes governos suecos no favorecimento de tal visão. Todavia, não se pode ignorar que uma das principais organizações suecas, que atua majoritariamente em países do Sul Global, tenha origem e se funde no conceito de caridade religiosa.

Tendo em vista tais aspectos apresentados sobre os atores institucionais da cooperação sueca, bem como as normativas que

---

[44] Algumas informações sobre articulações feministas a partir da religião podem ser encontradas em: https://www.cartacapital.com.br/blogs/dialogos-da-fe/o-que-querem-as-feministas-cristas-um-estado-laico/ e https://catolicas.org.br/. Acesso em: 7 abril 2024.

sustentam e definem o sentido dos projetos de relações bilaterais, será realizada uma análise específica sobre a capacidade de revisão da estrutura histórica, de modo a classificar a estrutura da política externa sueca, na agenda de CID, como hegemônica, contra-hegemônica ou se oscila entre os tipos ideais.

O PROCESSO DE INSTITUCIONALIZAÇÃO DAS PAUTAS FEMINISTAS NA POLÍTICA BOLIVIANA

Para tratar da questão das políticas de cooperação feministas suecas na Bolívia, eu entendo que é importante colocar em prática algo que eu venho salientando ao longo deste livro: incluir o país beneficiário no processo de avaliação da implementação do *branding* feminista. Isso porque, como amplamente debatido ao longo dos capítulos anteriores, existem diferentes abordagens dos feminismos, e, portanto, da PEF, e os significados atribuídos aos valores, aos princípios éticos e à construção do saber coletivo também devem ser considerados no processo de integração feminista por meio da cooperação. A solidariedade feminista não é alcançada a partir da sobreposição de ideais, seja no debate teórico, seja na implementação de políticas públicas, uma vez que perderia sua razão de ser e os feminismos se tornariam instrumentos de opressão e hierarquização.

Para tanto, gostaria de apresentar um pouco do que eu pude aprender ao longo da minha pesquisa sobre os movimentos feministas bolivianos para que, junto com os aspectos da CID feminista sueca que venho descrevendo, seja possível também ir dimensionando a oscilação de anticooperação e cooperação sueca, bem como expandir a compreensão em torno da homogeneidade do feminismo elegido como *branding* do governo social-democrata.

É sabido por todas as pessoas que estudam a temática de gênero em algum país do Sul Global que a colonização integrou o patriarcado na estrutura social da América Latina, porém é fundamental também salientar que, mesmo em configurações distintas das atuais, o patriarcalismo e a cultura patriarcal já permeavam as sociedades latino-americanas antes mesmo da chegada dos colonizadores (Segato, 2012). Somadas a essas estruturas pré-existentes, o patriarcado colonial gerou novas modalidades de opressões de gênero e criou complexidades na interseção das formas de subjugação que ainda moldam o tecido social da região até os dias atuais (Paredes, 2012). Estudiosas feministas bolivianas apontam, nesse sentido, que o colonialismo não apenas contribuiu para o enraizamento do patriarcado, como também do racismo, e fez uso da educação e da religião como instrumentos de sofrimento para mulheres e povos indígenas (Huanca, 2012).

O século XX foi marcado pela mudança das ideias sobre os direitos das mulheres devido à variedade de lutas sociais na Bolívia (Arancibia; Clavijo, 2014). Da mesma maneira que os vizinhos latino-americanos, esse período também gerou certa independência econômica para as mulheres bolivianas da classe média e alguns direitos civis permitiram a constituição de organizações em torno de sindicatos e a profissionalização feminina. No período de redemocratização, a partir da década 1980, o movimento neoliberal reforçou uma divisão no movimento feminista e de mulheres na Bolívia. Gerando uma resistência com relação ao uso do termo feminista, uma vez que, tradicionalmente, fora identificado pelas articulações lideradas pelas mulheres brancas da elite, e que são acusadas pelas mulheres indígenas de não incluir os aspectos de etnia nas mobilizações e, principalmente, por representarem uma espécie de cooptação por parte da Cooperação Internacional. O período de governos neoliberais na Bolívia, que corresponde a um processo regional latino-americano, durou de 1985 a 2005, quando Evo Morales foi eleito. Durante as décadas de 1980 e 1990, os governos bolivianos atuavam nas questões relativas à igualdade de gênero em um contexto de expansão de políticas de igualdade financiadas pela Cooperação Internacional Norte-Sul. O que gerou um movimento de criação de ONGs, na Bolívia, com o objetivo de promover os direitos das mulheres, sendo as mais reconhecidas atualmente a *Coordinadora de la Mujer* e a *Plataforma de la Mujer*.

Esse processo formalizou a introdução do conceito de equidade de gênero, que, nas palavras de Julieta Paredes "[...] se converteram em tecnocratas de gênero, confundindo a denúncia do gênero com a equidade de gênero, como parte de uma estratégia de esvaziamento de conteúdo dos conceitos" (Paredes, 2013, p. 66. Tradução própria)[45]. A crítica feita pela autora está no cerne de que, em muitos casos, as articulações dessas organizações não governamentais se colocaram como representantes de todas as mulheres frente ao Estado e a Cooperação Internacional, estabelecendo uma relação direta com a segunda onda do feminismo internacional a partir de postulados internacionalistas estabelecidos, majoritariamente, em países do Norte Global, em contextos distintos ao da realidade boliviana (Aillón, 2015).

> Durante as duas décadas de neoliberalismo na Bolívia, tomou corpo o incipiente movimento feminista boliviano que havia surgido nas lutas antiditatoriais pela recuperação democrática, bem como o "campo" (Bourdieu, 1990) de ação governamental das chamadas políticas de gênero. Este processo, legitimado internacionalmente, deu seus frutos em termos de políticas públicas, de institucionalidade e de legislação. (Fernández, 2017, p. 55, tradução própria)[46].

O neoliberalismo boliviano coincidiu também com o fim da Década da Mulher nas Nações Unidas (1975-1985) e outros momentos importantes para o avanço do feminismo interna-

---

[45] No original: "[...] se convirtieron en tecnócratas de género, confundiendo la denuncia del género con la equidad de género, como parte de una estrategia de vaciamiento de contenido de los conceptos." (Paredes, 2013, p. 66).

[46] No original: "Durante las dos décadas de neoliberalismo en Bolivia, tomó cuerpo el incipiente movimiento feminista boliviano que había surgido en las luchas antidictatoriales por la recuperación democrática, así como el "campo" (Bourdieu, 1990) de acción gubernamental de las denominadas políticas de género. Este proceso, legitimado internacionalmente, dio sus frutos en términos de políticas públicas, de institucionalidad y de legislación" (Fernández, 2017, p. 55).

cional, como a Conferência de Viena (1993), a Conferência de Pequim (1995) e a Convenção de Belém do Pará (1994). Um marco importante nesse contexto de disputa em termos de cooptação neoliberal das demandas das mulheres foi a preparação para a Conferência de Pequim. Naquele momento, a perspectiva Gênero e Desenvolvimento passou a ser defendida em território boliviano e impeliu os movimentos feministas locais a repensar a agenda sobre mulheres junto ao Estado (Aillón, 2015). Esse processo foi liderado pelas ONGs a partir de uma articulação de ideias para incidir na cultura organizacional do Estado e estabelecer políticas públicas e legislações que tivessem a capacidade de impactar na realidade cotidiana das mulheres bolivianas no espaço público. Exemplos a serem citados são a Lei n. 1779/1997, que reformou o regime eleitoral boliviano e estabeleceu um mínimo de 30% para representação feminina, bem como a Lei n. 1674/1995, sobre a violência na família ou doméstica (Aillón, 2015).

Aquele momento marcou a institucionalização do feminismo representado pelas ONGs e, por conseguinte, uma cumplicidade desse movimento com as políticas neoliberais (Casttaño, 2020). O transcurso de preparação para Pequim 1995 foi de conflito evidente no interior do movimento feminista boliviano, uma vez que as ONGs trataram de desenvolver uma mobilização que as colocou como representantes de todas as mulheres daquele país (Fernandéz, 2017).

O primeiro governo de Sánchez de Lozada (1993-1997) estabeleceu reformas neoliberais que fomentaram a criação de políticas de gênero, a partir da entrada do *lobby* de organizações e redes que acionaram a incidência política no Estado boliviano com o apoio da CID. Em entrevista com representantes da embaixada sueca na Bolívia, me foi informado que esse período foi o de mais avanço na cooperação entre Suécia e Bolívia em termos de integração de princípios de igualdade de gênero, apesar de o país nórdico não ter tido, naquele momento, uma representação diplomática institucionalizada no país andino. Em 1993 foi criada a Subsecretaria de Assuntos de Gênero, que foi uma importante vitória da pressão exercida a partir do financiamento internacional, e gerou o que a diretora da Coordinadora de la Mujer (em 2017) denominou, em entrevista a Fernández (2017), de **neoliberalismo-gênero**, que seria a associação da política econômica neoliberal com a inclusão de atores da esquerda para atuar na gestão das reformas sociais, favorecendo um avanço das perspectivas oriundas da Cooperação Internacional.

É importante sublinhar que esse movimento foi marcado por uma forte oposição de movimentos feministas e de mulheres, principalmente das mulheres do Movimento *Cocalero*[47], que, desde a década de 1980, atuava em marchas até La Paz, capital boliviana, para se colocar de maneira contrária às diligências do governo neoliberal e à proibição do cultivo da folha de coca. Entre 1992 e 1995, em função da Conferência de Pequim, foi produzido um documento chamado *Dignidad y Autonomía,* que trouxe o posicionamento pela necessidade de se falar por meio de uma voz própria sem mediação das mulheres dos partidos políticos neoliberais ou das ONGs (Paredes, 2013). O argumento era que havia uma usurpação de representatividade das mulheres bolivianas e uma subordinação das organizações à cooperação internacional que as financiava e, por conseguinte, não eram consideradas as necessidades legítimas das mulheres a partir das características culturais e das realidades sociais do país (Paredes, 2013).

No contexto das críticas às articulações pela equidade a partir de instituições que eram financiadas pela CID, foi criado

---

[47] Este movimento surgiu com o processo de deslocamento interno dos camponeses quíchuas para a região do Chapare, ao norte de Cochabamba, em busca de novos meios de subsistência, que teve como sobrevida o plantio da folha de coca naquela região. Contudo, o valor econômico da coca ficou muito atrelado ao narcotráfico, e, com os EUA, o governo boliviano passou a legislar sobre a limitação do plantio da folha de coca excedente. O Movimento Cocalero então ficou conhecido pela defesa do plantio da folha de coca, não apenas pelo valor econômico, mas também como parte da identidade cultural do povo quíchuas e outros. Este movimento foi o que, posteriormente, constituiu o Movimento al Socialismo (MAS) que elegeu Evo Morales como presidente do país em 2006. A luta dos cocaleros foi além da questão da folha de coca, mas também pela valorização dos povos indígenas, e, nesse contexto, destaca-se especificamente a luta das mulheres deste movimento.

POLÍTICA EXTERNA FEMINISTA COMO BRANDING GOVERNISTA:
HÁ CONGRUÊNCIA ENTRE NORMAS INSTITUCIONAIS E PRÁTICAS DE COOPERAÇÃO?

um movimento alternativo a essas demandas que ficou conhecido como **feminismo autônomo boliviano**. O grupo *Mujeres Creando*, primeiro expoente dessa iniciativa, abarcou as reivindicações das mulheres lésbicas, indígenas urbanas e assumiu a reflexão do recorte de raça na busca por autonomia (Galindo; Paredes, 1992). Em 2000, o grupo se dividiu em duas iniciativas a *Mujeres Creando* e a *Asamblea Feminista Comunitaria* (Aillón, 2015), que são, até os dias atuais, as principais expoentes nacionais bolivianas da variante do feminismo autônomo e comunitário. Essas mobilizações assumiram a terminologia feminista com o objetivo de estabelecer uma fonte de reconhecimento por parte da comunidade feminista internacional, permitindo, assim, que as contribuições elaboradas no cerne desses coletivos também fossem levadas em consideração no panorama da articulação por inclusão da diversidade na análise e produção no sistema internacional.

É válido abrir um parêntese na cronologia que se apresenta nesta seção para destacar que, de maneira resumida, o feminismo autônomo e comunitário tem por objetivo reconhecer que houve um entroncamento de patriarcados, o pré-colonial e o ocidental, e por isso é necessário descolonizar a denúncia de gênero de modo a superá-la e transcendê-la. Paredes (2013) defende ainda a importância de considerar a relação injusta entre homens e mulheres na Bolívia antes da colonização e, dessa forma, recuperar as lutas ancestrais que antecederam a invasão colonial.

> Descolonizar e desneoliberalizar o gênero é ao mesmo tempo localizá-lo geográfica e culturalmente nas relações de poder internacionais levantadas entre o Norte rico e o Sul empobrecido, questionar profundamente as mulheres do Norte rico e sua cumplicidade com um patriarcado transnacional. Uma vez descolonizado e desneoliberalizado, consideramos imprescindível recuperar a denúncia feminista do gênero para desmontar o patriarcado que é mais antigo que

a colonização e o neoliberalismo (Paredes, 2013, p. 72-3, tradução própria)[48].

Retomando a apresentação do processo de inclusão da agenda de gênero na Bolívia, é importante destacar que com a eleição de Evo Morales, do *Movimento Al Socialismo* (MAS) em 2006, houve mudanças na condução das questões sociais por parte do Estado boliviano. Morales fez parte do movimento de *cocaleros* décadas antes, o que contribuiu para que seu governo buscasse integrar a identidade indígena, bem como a compreensão em torno da despatriarcalização e desneoliberalização nas leis nacionais. O próprio movimento liderado por Julieta Paredes, *Asamblea Feminista Comunitaria*, passou a atuar em proximidade com a organização política de Morales, a partir da apresentação de propostas de políticas e práticas que integrassem as demandas das mulheres bolivianas em sua diversidade de experiências e vivências. Outro coletivo que passou a ter capilaridade de influência sobre as articulações pró--gênero no governo Morales foi a *Confederación Nacional de Mujeres Campesinas Indígenas Originarias de Bolivia "Bartolina Sisa"*, criada na década de 1980, tendo sua ex-presidenta, Nemesia Achacollo, sido nomeada Ministra de Desenvolvimento Rural (Aillón, 2015).

No ano de 2009, o governo de Morales protagonizou uma mudança constitucional que incluiu, entre outras modificações, uma perspectiva despatriarcalizadora e, consequentemente, alavancou a integração de diferentes temáticas em torno da igualdade de gênero. Foram também incluídos os direitos à terra, e perspectivas de descoloniazação e desneoliberalização do Estado. Assim, a visão assumida pelo MAS foi, também, a de ampliar, em alguma medida, a ótica da igualdade de gênero desenvolvida ao longo dos anos de neoliberalismo, que intensificava e resumia as

---

[48] No original: "Descolonizar y desneoliberalizar el género es a la vez ubicarlo geográfica y culturalmente en las relaciones de poder internacionales planteadas entre el norte rico y el sur empobrecido, cuestionar profundamente a las mujeres del norte rico y su complicidad con un patriarcado transnacional. Una vez descolonizado y desneoliberalizado, consideramos imprescindible, recuperar la denuncia feminista del género para desmontar el patriarcado que es más antiguo que la colonización y el neoliberalismo." (Paredes, 2013, p. 72-3).

articulações com o Estado a partir da busca por direitos políticos e econômicos das mulheres.

Com a promulgação da Constituição Plurinacional, em 2009, foi reconhecida a diversidade da população boliviana e integrados os direitos dos povos indígenas e demais grupos sociais. No processo da constituinte, o governo criou um Plano Nacional para Igualdade de Oportunidades denominado *Mujeres Construyendo la Nueva Bolivia para Vivir Bien* (2008)[49] que, de acordo com Paredes (2020), não teve efeitos práticos para a política de despatriarcalização, iniciada apenas em 2014, com o Plano Nacional de Despatriarcalização. Castaño (2020) descreve que o ponto mais relevante do Plano é a parte de definição conceitual, escrita por Julia Paredes. Nessas páginas, Paredes criticou as políticas neoliberais de igualdade de gênero que foram desenvolvidas nas décadas de 1980 e 1990, apesar de ter reconhecido os progressos vivenciados pela agenda ao longo dos anos 1990 e início dos anos 2000, em uma referência direta à inserção do debate de gênero na agenda internacional e, consequentemente, nas políticas domésticas dos países. Contudo, Paredes indica que nesse processo algumas mulheres foram mais beneficiadas do que outras a partir de reformas legalistas em termos de criação de cotas que impactaram diretamente a vida das mulheres de classe média. Para Castaño (2020, p. 50. Tradução própria)[50], a crítica ao feminismo das ONGs é explícita no documento do Plano, uma vez que "[...] o Plano sublinha uma suposta aliança do feminismo das ONGs com o governo neoliberal anterior ao MAS [...] o Plano também critica as estratégias de mobilização das Ongs feministas, a partir da suposta pretensão de representar todas as mulheres, e a relação com a cooperação internacional.".

---

[49] Disponível em: https://siteal.iiep.unesco.org/sites/default/files/sit_accion_files/siteal_bolivia_1000.pdf

[50] No original: "[...] the Plan underlines the supposed alliance of feminist NGOs with pre-MAS' neoliberal governments, [...] The Plan also criticizes the mobilization strategies of feminist NGOs, their supposed pretension to represent all women, and their link with international cooperation." (Castaño, 2020, p. 50).

A Constituição, aprovada em 2009, tende a ser descrita como o movimento mais importante do MAS[51] com relação a um avanço na proposta de despatriarcalização e desneoliberalização da agenda de gênero na Bolívia. Na atual Constituição boliviana, a questão do gênero é abordada no Art.15, especificamente no tema da violência. Tendo apoio na normativa internacional, o documento delimita a erradicação da violência de gênero como garantia coletiva. No Art. 147 fica determinado que deve haver igualdade de participação entre homens e mulheres nas eleições para a Assembleia Legislativa Plurinacional. A Constituição também estabeleceu como parte do direito interno boliviano a Convenção sobre a Eliminação de Todas as Formas de Discriminação contra a Mulher (Cedaw), que foi ratificada pela Bolívia durante os governos neoliberais, e a Convenção Interamericana para Prevenção, Sanção e Erradicação da Violência contra a Mulher – Convenção de Belém do Pará de 1994 (Silva; Vieira, 2019).

Importante destacar que as articulações ocorridas ao longo do governo de Morales, principalmente durante a Assembleia Constituinte, foram de grande relevância para o fomento da aproximação entre as mulheres que atuavam em organizações feministas autônomas e as ONGs feministas.

> Neste sentido, as ONGs feministas e organizações sociais de mulheres estabeleceram uma aliança *ad hoc* denominada 'Mulheres Presentes na História', que lembra a noção de Gibson de "casamento de conveniência" entre diferentes atores políticos (Gibson, 1997: 360). Uma ativista que teve um papel importante nesse processo disse: "['Mulheres Presentes na História'] foi composta por mais de

---

[51] Outras legislações desenvolvidas durante o governo de Evo Morales e que são consideradas como parte de uma formatação de práticas políticas para a proteção das mulheres são: *Ley de Lucha Contra el Racismo y Toda Forma de Discriminación* (2010), *Ley Contra el Acoso y Violencia Política* (2012), *Ley Integral para Garantizar a las Mujeres uma Vida Libre de Violencia* (2013), *Código de las Familias* (2014) e *Código de la Niña, Niño y Adolescente* (2018). Para além da criação da *Fuerza Especial de Lucha Contra la Violencia* (2013), o *Derecho a la Vivienda de las Madres Solteras* (2015) e o *Sistema Integral Plurinacional de Prevención de Violencia en Razón de Género* (2018). Em 2019, começou a ser implementada a Secretaria de Despatriarcalização, mas, em razão do golpe de Estado e a saída de Evo Morales do poder, foi interrompida (Paredes, 2020).

> 500 organizações, foi como um coletivo de mais de 80000 mulheres que participaram ativamente da construção de propostas para a Constituição. (Castaño, 2020, p. 55, tradução própria)[52].

No entanto, apesar de tais avanços, há críticas sobre o período de governança do MAS e a atuação das feministas no Estado (Aillón, 2015; Paredes, 2020). O governo de Morales pode ser dividido em dois momentos: o primeiro é como um processo de comemoração pela vitória do socialismo na Bolívia, e que foi articulado em um contexto de ruptura entre os partidos neoliberais (González Figueroa, 2020). Esse momento teria favorecido a inclusão da agenda étnica e de gênero por meio de legislações, além da participação dos representantes dos movimentos sociais de base no governo e na administração pública. Por outro lado, o segundo momento pode ser descrito como um processo de aproximação com as elites neoliberais, que foi uma brecha que Morales deu ao neoliberalismo e gerou uma ferida entre o MAS e a sua base aliada, principalmente com as mulheres indígenas (González Figueroa, 2020).

A questão que permitiu esse tipo de revisão crítica ao governo de Morales é a mesma mobilizada em outros países latino-americanos que vivenciaram a Onda Rosa, ou seja, a ascensão dos governos de esquerda: a falta de revisionismo estrutural sobre as bases dependentes do sistema econômico neoliberal. A integração de perspectivas mais voltadas ao socialismo de esquerda às bases da direita calcada nos princípios da década de 1990, em diferentes países, e na Bolívia, atrelou a proposta pós-neoliberal e o conceito social do *Buen Vivir* à dependência interna da economia ao extrativismo (González Figueroa, 2020).

> Esta ferida, representando uma lacuna entre o governo e as comunidades indígenas, levou o país a

---

[52] No original: "To this end, feminist NGOs and women's social organizations established an ad hoc alliance denominated 'Women Present in History' —which reminds Gibson's notion of "marriage of convenience" between different policy actors (Gibson, 1997: 360). An activist who had a major role in that process said that: "['Women Present in History'] was composed by more than 500 organizations, it was as collective of more than 80000 women who took actively part in the construction of proposals for the Constitution" (Castaño, 2020, p. 55).

> um período de desfoque no qual o MAS, como partido político à frente do Estado, levou o pós-neoliberalismo até a contradição, e com isso, a reversão de direitos e de políticas sociais e econômicas voltadas para o princípio do bom viver (Hernández, 2017; Vega, 2013). Com isso, de uma perspectiva feminista, também se realizou uma reversão dos direitos da mulher indígena e a perpetuação de um ocidentalismo que não só é fonte de neoliberalismo, mas de colônia e patriarcado. (González Figueroa, 2020, p. 7-8, tradução própria)[53].

Apesar de ter havido uma agência contra-hegemônica por parte do governo de Evo Morales, o movimento de revisão das estruturas históricas do Estado boliviano, assim como no caso da Suécia — mas de maneira mais aprofundada —, resultou em uma oscilação entre a despatriarcalização, descolonização e desneoliberalização da burocracia doméstica e da tradição do posicionamento do país no sistema internacional. Contudo, não foi profunda ao ponto de romper com o regime de gênero neoliberal, que fica evidente também no tratamento dado às questões de gênero por uma perspectiva binária e pela matéria das identidades apenas no que tange às questões étnicas. Assim como as perspectivas hegemônicas, acabou por mobilizar a pauta feminista e, nesse caso, também a pós-colonial, por um caminho contraditório e paradoxal, oscilando entre uma estrutura hegemônica e contra-hegemônica, que se firmou hegemônica a partir da instabilidade política que o país vem enfrentando desde a saída conturbada de Morales da presidência, e as contínuas ameaças de golpes militares, como o mais recente em junho de 2024.

---

[53] No original: "Esta herida, en representación de una brecha entre el gobierno y las comunidades indígenas, llevó al país a un periodo de desenfoque en el cual el MAS, como partido político al frente del Estado, llevó el postneoliberalismo hasta la contradicción, y con ello, la reversión de derechos y de políticas sociales y económicas dirigidas hacia el principio del buen vivir (Hernández, 2017; Vega, 2013). Con ello, desde una perspectiva feminista, también se llevó a cabo una reversión de los derechos de la mujer indígena y la perpetuación de un occidentalismo que no solo es fuente de neoliberalismo, sino de colonia y patriarcado." (González Figueroa, 2020, p. 7-8).

BOLÍVIA COMO BENEFICIÁRIO NA COOPERAÇÃO INTERNACIONAL PARA O DESENVOLVIMENTO

Como descrito no decorrer da seção anterior, as mobilizações em torno das questões feministas e de mulheres na política doméstica boliviana tiveram relação direta com o impacto da cooperação Norte-Sul no país andino, majoritariamente na posição de Estado receptor da cooperação. Segundo a embaixada sueca na Bolívia, durante a década de 1990, a cooperação entre os países era recebida positivamente pelo governo boliviano e que com o "novo governo" — usando as palavras de representantes da embaixada — essa relação entre Estados se tornou limitada e não colaborativa por parte da Bolívia, tendo sido apontado que na administração de Morales, ou a cooperação deveria acontecer nos moldes do governo andino, ou não seria aprovada. A perspectiva pós-colonial do MAS, inicialmente, era de questionamento crítico a respeito dos padrões da cooperação internacional oriunda do Norte Global, mas, principalmente, uma busca pela desneoliberalização das políticas bolivianas.

Ao longo das décadas de 1980 e 1990 e do começo dos anos 2000, a Bolívia recebeu mais de 12 milhões de dólares através da CID, o que representou cerca de 10% do PIB do país e 90% do investimento público (Rodríguez-Carmona, 2009). Passou, então, a figurar como um dos países das Américas mais dependentes do sistema de Ajuda ao Desenvolvimento. Realidade esta que facilitou a aplicação de contrapartida por parte dos credores, como Banco Mundial e o Fundo Monetário Internacional (FMI), gerando uma relação profundamente hierarquizada na AOD com a Bolívia, e intensificando o crescimento da dívida externa do país (Grande; Wiurnos, 2008).

Mais além, nesse cenário fortemente desigual do sistema de cooperação, ao longo dos anos 1990, foi imposto à Bolívia a obrigação de elaborar a chamada *Estratégia de Reducción de la Pobreza*. O projeto tinha por objetivo direcionar os recursos liberados pela anulação da dívida dos setores sociais para o combate à pobreza, cumprindo as normas econômicas estabelecidas pelos credores (Grande; Wiurnos, 2008). Esse modelo de AOD à Bolívia é um dos grandes exemplos de que a lógica da cooperação internacional, de modo que tem sido estabelecida, não atua na raiz das questões sociais dos países beneficiários e não gera mudanças reais e estruturais. De acordo com Grande e Wiurnos (2008), nos primeiros anos da década de 2000, 60% da população boliviana vivia abaixo da linha de pobreza.

Essa realidade despertou para um processo de revisão das articulações da AOD, principalmente por parte do governo boliviano. Em 2005, o Vice Ministério de Investimento Público e Financiamento Externo e o Ministério da Fazenda lançaram o documento *La Cooperación Internacional en Bolívia*, no qual trataram diretamente sobre a necessidade de revisar a lógica da cooperação direcionada ao país de modo que impactasse na realidade da sociedade boliviana. De acordo com o Prefácio do documento,

> [...] nos últimos anos se chegou à conclusão de que a nível internacional, a Cooperação Externa não demonstrou eficiência e eficácia para cumprir com os objetivos de desenvolvimento socioeconômico, o que torna necessário repensar a forma com a qual as Agências de Cooperação são conduzidas, permitindo que os países em desenvolvimento possam assumir a liderança de seus processos de desenvolvimento, estratégias de crescimento e redução da pobreza. (Viceministerio de Inversión Pública y Financiamiento Externo, 2005, p. 5, tradução própria)[54].

---

[54] No original: "El financiamiento externo que recibe el país ha representado alrededor del 65% de recursos destinados a la Inversión Pública en el año 2004, e históricamente, el promedio de los desembolsos de recursos provenientes de la Cooperación Internacional en la última década alcanza a 640 millones de dólares, equivalente a un poco más del 10% del Producto Interno Bruto de nuestro país. Sin embargo, en los últimos años se ha llegado a la conclusión de que a nivel internacional la Cooperación Externa no ha logrado demostrar eficiencia y eficacia para cumplir los objetivos del desarrollo socioeconómico, por lo que se hace necesario replantear la forma en la que las Agencias de Cooperación se conducen actualmente, permitiendo que los países en desarrollo puedan asumir el liderazgo (ownership) de sus procesos de desarrollo, estrategias de crecimiento y reducción de la pobreza." (Viceministerio de Inversión Pública y Financiamiento Externo, 2005, p. 5.)

Esse documento anunciou também a criação de um *Plan de Armonización y Alineamiento* em parceria com os atores da CID na Bolívia, no intuito de tornar a AOD mais efetiva para ambos os atores envolvidos no processo. Assim como no caso específico do movimento feminista, a eleição de Evo Morales foi um marco no processo de participação boliviana no contexto de AOD e CID. Com a criação do Ministério do Desenvolvimento, toda a gestão dos acordos de cooperação foi transferida para essa pasta, que era dependente direta do Executivo Nacional, e a promulgação da Lei de Organização do Poder Executivo (Lei n.º 3351, de 2006) delimitou os objetivos do país a curto, médio e longo prazo.

O governo Morales, como muitos governos latinos no começo dos anos 2000, passou a intensificar a cooperação com países da região, a chamada cooperação Sul-Sul. No caso boliviano, houve uma profunda relação com a Venezuela e Cuba nas agendas de educação, saúde, energia e mineração (Grande; Wiurnos, 2008). Além de suspender e/ou não renovar acordos de cooperação com o FMI e a agência estadunidense de cooperação, a Usaid. Essas mudanças na lógica boliviana de receber ajuda internacional geraram não apenas rupturas diretas com doadores, mas também balançou as relações com organismos multilaterais, como o Programa das Nações Unidas para o Desenvolvimento (Pnud), que indicou em um informe que as regras do Plano Nacional de Desenvolvimento boliviano não foram delimitadas como era feito nas articulações de administrações anteriores. Mais além, foi possível perceber uma redução quantitativa na AOD à Bolívia. De acordo com a pesquisa de Grande e Wiurnos (2008), entre os anos de 2003 e 2008 houve uma queda de 8.2% na AOD, deixando de representar 12.1% do PIB boliviano para representar 3.9%. Também é importante sublinhar que esse percentual não indica, necessariamente, que a AOD parou de ser direcionada ao país, mas, na realidade, aponta para o fenômeno já observado em minha pesquisa em relação à cooperação sueca, que foi a transferência da CID com o Estado boliviano para uma relação direta com as ONGs locais.

No cenário da mudança da lógica da CID do governo Morales foi possível identificar uma alteração na articulação com organizações internacionais presentes no país. No contexto específico dos protestos contra e pró-Morales, em 2019, foi indicada uma parcialidade da delegação europeia em La Paz. Naquele momento, a UE divulgou um comunicado com o Vaticano, que segundo os europeus foi importante para a pacificação boliviana (AFP, 2021). Em 2021, o presidente boliviano Luiz Arce e seus aliados do MAS falaram abertamente sobre uma conspiração da União Europeia e da Igreja Católica para retirar Morales do poder (AFP, 2021). Fato é que, naquele momento de arrefecimento das relações entre a Bolívia de Morales e o bloco europeu, as organizações europeias, que tinham uma boa relação com o governo neoliberal da década anterior, fomentaram de maneira direta, em grande parte, as demandas dos atores locais, principalmente indígenas.

Em 2013, o governo boliviano já havia expulsado a ONG dinamarquesa Ibis, acusada de interferir em assuntos internos em setores rurais (France Presse, 2013). Em março do mesmo ano foi promulgada a Lei n.º 351, que restringiu o registro de organizações da sociedade civil ligadas, principalmente, a fundos internacionais. Houve uma reversão da lógica, tornando as organizações mais dependentes do governo boliviano e fomentando, por meio de financiamento, organizações que haviam sido criadas, inclusive, no partido MAS. Essa realidade instigou uma divisão social na Bolívia, que também foi favorecida pela promoção de um discurso internacional contra o MAS e, especificamente, Morales.

Contudo, é importante indicar que tampouco o governo de Morales teve a capacidade de rever as estruturas históricas da participação boliviana na CID. Em um sentido muito próximo da Suécia, a estrutura boliviana oscila entre uma pretensão contra-hegemônica a partir do PND, e uma realidade hegemônica de concessões às elites domésticas. Como evidenciado na entrevista com representantes do corpo diplomático sueco na Bolívia, o processo levado a cabo pelo governo de Evo Morales incidiu sobre as normativas que definiriam os modelos e processos de CID dos quais a Bolívia faria parte, o que resultou em um certo afastamento de países como a Suécia. Contudo, ao longo da pesquisa pôde-se observar que Morales tampouco alcançou o objetivo que se esperava de integrar estruturalmente a perspectiva feminista comunitária nas práticas de seus governos (Paredes, 2013). Assim, é importante sublinhar que tanto o Estado doador quanto o governo de Morales não alcançaram a mudança estrutural da CID. E que, em ambos os casos, as propostas coletivas das forças sociais parecem ter sido mantidas na normativa institucional como um *branding* político. Mais além, esse formato de distanciamento do Estado boliviano, e as críticas limitadas a documentos e pronunciamentos, fez com que os acordos de Cooperação fossem descentralizados da esfera do governo federal, aportando uma disponibilidade para que a CID tradicional acessasse diretamente a força social do país e governos locais.

Tendo em vista esse contexto geral da estrutura histórica da atuação boliviana na Cooperação Internacional, considera-se importante compreender, especificamente, as relações bilaterais entre Suécia e Bolívia.

A RELAÇÃO HISTÓRICA SUÉCIA E BOLÍVIA

Dada a realidade boliviana, de ser um país colonizado e com profundas marcas dos diferentes processos de colonialidade do poder, entendo que é importante apresentar a relação com o país nórdico tendo em vista tais características. A Suécia tende a se colocar no sistema internacional a partir de um afastamento de sua condição de país colonizador. Mas se faz importante sublinhar que os processos de colonização não ocorrem somente pela via da ocupação do território no modo tradicional de invasão, mas também por meio de relações sociais que constroem um imaginário político, social e cultural a partir de uma lógica de soberania de uma das partes.

O governo sueco pode, de fato, não ter ocupado nenhum território no Estado boliviano enquanto estrutura governamental, mas identifiquei outras estratégias de exercício da colonialidade que ainda reverberam nas relações entre os Estados, a exemplo da *Misión Sueca Libre en Bolívia*, que foi uma iniciativa nórdica pentecostal para evangelizar os "povos" da Bolívia (Alvarsson, 2021). A primeira missão neopentecostal sueca na América do Sul teve início em 1920, quando dois missionários foram para a Argentina e cinco para a Bolívia, "[...] os suecos sentiam um chamado a trabalhar especialmente para 'a salvação dos indígenas', e o país para onde vieram era uma verdadeira nação indígena. Os cálculos variam consideravelmente; há cifras que declaram que entre 40% e 80% da população total na Bolívia nessa época eram indígenas." (Alvarsson, 2021, p. 50. Tradução própria)[55]. Esse marco da história indica que a Suécia, de alguma forma, é parte do projeto de colonialidade do poder na Bolívia, principalmente por meio de um dos atores mais relevantes na estrutura histórica da colonização: a Igreja. Dessa maneira, compete dar um salto no marco temporal para indicar que essa missão contribuiu para a construção de ações sociais educativas e sobre saúde com os povos indígenas, principalmente entre as décadas de 1970 e 1980.

Para além das correlações estabelecidas entre os países no cerne de uma articulação religiosa ao longo dos anos, o sistema de AOD à Bolívia ganhou mais força no período de governos neoliberais do país. A conformidade entre o projeto do sistema internacional favoreceu a atuação de países da União Europeia, não somente por meio do bloco, mas a partir de acordos bilaterais. Para a Embaixada sueca em La Paz foi uma época de grandes avanços, já integrando a agenda de igualdade de gênero, que foi muito receptiva por parte do

---

[55] No original: "[...] los suecos sentían un llamado a trabajar especialmente hacia "la salvación de los indígenas", y el país a donde vinieron era una verdadera nación indígena. Los cálculos varían considerablemente; hay cifras que declaran que entre 40% y 80% de la población total en Bolivia en esa época eran indígenas." (Alvarsson, 2021, p. 50).

governo boliviano. Como descrito nas seções anteriores, as décadas de 1980 e 1990 favoreceram um intenso financiamento de ONGs feministas na Bolívia, com a anuência dos governos neoliberais que buscavam estabelecer reformas sociais para redução da pobreza.

De acordo com o site da embaixada sueca na Bolívia, a Sida financia os programas de cooperação com o país andino há mais de 30 anos. No relatório de avaliação da cooperação bilateral entre os países, entre os anos de 2007-2016, foi feita uma breve revisão dos objetivos da cooperação sueca ao longo da história (Millard *et al.*, 2017). Os autores indicam que se pode estabelecer dois blocos de interesses na CID sueca, um primeiro com uma perspectiva mais altruísta, que estaria ligado à solidariedade com uma responsabilidade alinhada com a identidade nacional sueca e o uso da AOD para promover os valores nacionais. O segundo bloco de interesses está relacionado ao enfoque na redução da pobreza, de grande relevância entre as décadas de 1960 e 1970, guiadas pela lógica do sistema internacional.

O ponto de inflexão que interessa a esta investigação é justamente o iniciado na década de 1990, com a integração da perspectiva de reformas sociais com o objetivo de combater a pobreza (Millard *et al.*, 2017). Nessa mesma época, a Suécia passou a introduzir a questão da igualdade de gênero como objetivo das estratégias de cooperação desenvolvidas pela Sida, em correlação aos debates normativos internacionais em torno da Conferência de Pequim em 1995. Segundo o site oficial da Sida, nos últimos 15 anos, foi possível realizar grandes avanços em matéria da redução da desigualdade social na Bolívia. É importante sublinhar que esse momento histórico marca justamente a eleição de Evo Morales e a intensificação da cooperação sueca diretamente com ONGs feministas. Os aportes da cooperação sueca são feitos majoritariamente em coroas suecas e, em 2021, o valor chegou a 254,8 milhões nessa moeda, das quais 264,6 milhões destinados à cooperação para o desenvolvimento e 187 milhões à ajuda humanitária (Sida, 2022).

PARTE V.

ESTUDO DE CASO: AVALIANDO A CONGRUÊNCIA DO *BRANDING* FEMINISTA SUECO

Quando escolhi a abordagem da minha pesquisa, pensei em como contribuir de maneira prática para o tema da Análise de Política Externa Feminista. Isso porque trabalhar desde o feminismo pós-colonial me permitiu observar diversas inconsistências presentes nos anúncios de PEF, e a forma como os governos buscam integrar os feminismos às suas pautas de maneira seletiva. No entanto, eu entendia também que essa abordagem deveria ser capaz de contribuir com uma proposta mais efetiva, no sentido de não estar limitada à crítica pela crítica. Quando me aprofundei no debate em torno da agenda de Cooperação Internacional para o Desenvolvimento, e conheci a abordagem da anticooperação, iniciei uma empreitada para refletir sobre o que poderia substituir ou servir para repensar o sistema da indústria do desenvolvimento. Assim, identifiquei-me com a proposta apresentada pela economia feminista, porque, ainda que com variações de abordagens, é um caminho que mobiliza e dá centralidade ao viés social dos processos internacionais e econômicos, que raramente é tido em conta como protagonista nas relações exteriores dos países.

Assim, mais do que apresentar o que eu entendo como uma Ferramenta de Avaliação de Política Externa Feminista, considero legítimo e fundamental que o último capítulo deste livro seja dedicado à aplicação do modelo aqui sugerido. Isso porque, apesar de acreditar que as categorias eleitas para integrar a ferramenta devam ser uma forma de sistematizar e simplificar a avaliação da PEF, é importante que entendam que esses processos não são passíveis de serem encurtados. Verão nas páginas a seguir que, em dados momentos, a análise dos documentos é exaustiva e demanda uma definição muito atenta sobre cada conceito e um entendimento específico sobre o *modus operandi* do governo avaliado. Isso porque, da mesma maneira que os discursos das lideranças não são suficientes para dimensionar o nível prático da narrativa feminista, as normas institucionais se tornam vazias quando não correlacionadas com as estratégias das forças políticas e ideológicas das lideranças que as representam.

Cada uma das fases da avaliação apresenta o diagnóstico de uma variável do modelo: agência, estrutura e práticas. E há subdivisões dos níveis normativos e de lideranças domésticas e internacionais, com o objetivo de manter a análise na dimensão interpretativa da política externa como política pública. Dessa forma, a conclusão aqui alcançada como resultado da avaliação da congruência da narrativa e da prática feminista da cooperação sueca é relacionada ao projeto com a Bolívia entre os anos de 2016 e 2022. Não sendo revelador de toda a estrutura da PEF sueca — enquanto ela existia. Ressalto isso porque, como indiquei em capítulos anteriores, os governos possuem a capacidade de oscilar em suas abordagens de acordo com os interesses em determinadas agendas, bem como com os resultados necessários de impacto positivo ao *branding* que o manterá em um lugar de destaque no sistema internacional, e que, por conseguinte, resultará em maior aprovação junto à opinião pública doméstica.

PRIMEIRA FASE DE ANÁLISE: A DELIMITAÇÃO DO MODELO DE LIDERANÇA NORMATIVA DA POLÍTICA FEMINISTA SUECA

Considerando as circunstâncias domésticas e a janela de oportunidade no sistema internacional que favoreceu a adoção do *branding* feminista, é pertinente analisar o tipo de agência que existia no que tangia às normas institucionais que delimitaram os aspectos das práticas da PEF do país na agenda de Cooperação. Considerei especificamente a *Gender Equality Policy*, instituída no começo dos anos 1970, e o documento de comunicação lançado em 2016, dois anos após o anúncio de um governo feminista, *Power, goals and agency – a feminist policy for a gender-equal future*. A análise de conteúdo para a investigação do nível internacional, por outro lado, considera o *Handbook Sweden's Feminist Foreign Policy* em correlação às normas do sistema internacional incorporadas pelas instituições suecas: *Women, Peace & Security Sweden's National Action Plan for the implementation of the UN Security Council's Resolutions on Women, Peace and Security 2016–2020; Policy for global development in the implementation of the 2030 Agenda; Tenth Periodic Report by the Government of Sweden on the measures in accordance with the Convention on the Elimination of All Forms of Discrimination against Women (2020)* e *Tenth Periodic Report by the Government of Sweden on the measures in accordance with the Convention on the Elimination of All Forms of Discrimination against Women.*

O objetivo é identificar os aspectos da capacidade de transformação das estruturas da política externa a partir da classificação da liderança normativa como hegemônica, contra-hegemônica ou que oscila.

Análise do conteúdo das normativas institucionais suecas a nível doméstico e internacional

Para além da ideia de Estado "amigo das mulheres" e do *State Feminism*, oriundo da política de bem-estar social-democrata na década de 1970, a Suécia estabeleceu uma política nacional de igualdade de gênero, incluindo a ideia de *gender equality* como estratégia para conformar um guia para as ações institucionais e para formulação de novas legislações. A formalização da política de *gender equality*, em 1979, foi instituída pelo *Gender Equality Act*, que começou a vigorar em 1980. De acordo com essa normativa, homens e mulheres passariam a ter a mesma igualdade de direitos, oportunidades e responsabilidades. A perspectiva adotada pela normativa foi totalmente hegemônica. Uma vez que considerou apenas os aspectos binários na relação de discriminação de gênero, sendo os impactos causados por essa norma descritos pela *Swedish Gender Equality Agency* como:

> Homens e mulheres receberam formalmente as mesmas condições na vida social sueca. A Lei da Igualdade de Género visa promover a **igualdade de direitos entre mulheres e homens** em termos de trabalho, emprego e outras condições de trabalho e oportunidades de desenvolvimento. **A lei é neutra em termos de gênero.** No entanto, visa principalmente melhorar as condições das mulheres na vida profissional." (Sweden, s/da, tradução e grifo próprio)[56].

Os trechos grifados revelam uma mudança na legislação a partir de um modelo tradicional de política, no sentido de que a norma foi inserida nas mesmas estruturas patriarcais que consideravam as questões da agenda de gênero apenas sobre a ótica da desigualdade entre homens e mulheres. Ademais, no mesmo ano, a Suécia ratificou a Cedaw, que apresenta as mudanças dos padrões socioculturais e insta aos Estados atuarem pelo binômio mulher x homem, como no seguinte trecho: "Os Estados-Partes tomarão todas as medidas apropriadas para eliminar a **discriminação contra a mulher** na vida política e pública do país e, em particular, garantirão, em **igualdade de condições com os homens.**" (Cedaw, 1979, p. 3, grifo próprio).

Importante reconhecer que, naquele momento, as perspectivas dos coletivos feministas eram, majoritariamente, baseadas em uma visão liberal, na qual as questões de identidade de gênero não eram observadas nos debates multilaterais. Outrossim, as propostas da Cedaw buscam combater a premissa de basear os direitos sociais das mulheres em correlação com o conceito de família — interpretado a partir da ideia do casamento heterossexual — e que também foi

---

[56] No original: "[...] Men and women were formally given the same conditions in Swedish social life. The Gender Equality Act aims to promote equal rights for women and men in terms of work, employment and other working conditions and development opportunities. The law is gender neutral. However, it primarily aims to improve women's conditions in working life." (Sweden, s/da).

identificado em alguns modelos de bem-estar social-democrata nos países escandinavos, mas que fora combatido no modelo sueco. Na Cedaw ficou indicado que "os Estados-parte adotarão todas as medidas apropriadas para eliminar a discriminação contra a mulher em todos os assuntos relativos ao casamento e às relações familiares, em particular, **com base na igualdade entre homens e mulheres**" (Cedaw, 1979, p. 7, grifo próprio.)

O fim da década de 1970 foi o ponto-chave na virada da atuação sueca no sistema doméstico em prol de ações vinculadas ao *gender equality* – ainda que fosse mais bem denominada de *women equality*. A incorporação das ideias coletivas dos movimentos feministas de mulheres trabalhadoras e a inserção de mulheres no quadro eleitoral do país foram uma janela de oportunidade para revisar as ideias institucionais e formar um novo consenso coletivo sobre a identidade sueca. Esse último pode ser entendido como um passo na difusão da estratégia do *branding* de gênero sueco por meio da coesão de narrativas multissetoriais e do início da formulação das bases concretas para o *storytelling*[57] feminista.

Assim, as normas legais estabelecidas a partir dos anos 1970 passaram a ser delimitadas considerando as capacidades de revisão das estruturas de maneira superficial, atuando na criação de normas inspiradas e apoiadas nas normas internacionais, mas que não impactaram em mudanças estruturais efetivas. Houve a criação de uma marca para a atuação sueca na política de gênero, ou melhor dizendo, um primeiro *rebranding,* que pode ser explicado como a revisão da postura e da forma de se apresentar de uma determinada marca para estabelecer identificação com os seus apoiadores/consumidores. Contudo, essa revisão de posicionamento não foi elaborada em conjunto com uma mudança efetiva na estrutura que sustenta o atual regime de gênero.

---

[57] Esta identificação não se pressupõe como uma forma depreciativa de análise, mas considera que, em primeiro momento, o feminismo se apresenta muito mais no universo da narrativa e na elaboração da estratégia de mudança política do que nas mudanças estruturais e dos efeitos práticos. Essas verificações serão realizadas mais adiante.

Na definição dada pela *Swedish Gender Equality Agency* sobre o conceito/perspectiva de *gender equality* adotado pela Suécia, é apontado que:

> [...] **nem mulheres e nem homens constituem grupos homogêneos.** As oportunidades de vida das pessoas também são afetadas pelos grupos socioeconômicos a que pertencem, onde no país vivem, sua etnia, idade, orientação sexual, capacidade e outros fatores. Como resultado, **uma tarefa importante no trabalho de igualdade de gênero é considerar como todas essas categorias interagem e influenciam umas às outras.** (Sweden, 2021, tradução e grifo próprios)[58]

Os termos grifados na citação sugerem que, pelo menos no escopo do *storytelling* doméstico, a definição da categoria igualdade de gênero leva em conta, normativamente, a heterogeneidade dos sujeitos bem como a perspectiva de interseccionalidade, no sentido que recupera as sub e sobre representações geradas a partir de diferentes categorias sociais, culturais e econômicas. No entanto, na mesma página, a descrição das ações do país em torno da perspectiva de *gender equality* é apresentada a partir da diferenciação entre homens e mulheres. Houve um momento em que, para além da inserção quantitativa de mulheres nos espaços públicos, a Suécia passou a considerar a desigualdade de poder, mas, ainda assim, as normativas foram mantidas pela perspectiva binária biológica, como no trecho que define a política, no cabeçalho do site, "[...] o objetivo final da política sueca de igualdade de gênero é que **mulheres e homens** tenham as mesmas oportunidades, direitos e responsabilidades em todas as áreas da vida." (Sweden, s/da, tradução e grifo próprios)[59].

---

[58] No original: "[...] Neither women nor men constitute homogeneous groups. People's opportunities in life are also affected by the socioeconomic groups they belong to, where in the country they live, their ethnicity, age, sexual orientation, ableness and other factors. As a result, an important task in gender equality work is to consider how all of these categories interact with and influence each other." (Sweden, 2021)

[59] No original: "[...] the ultimate aim of Swedish gender equality policy is for women and men to have the same opportunities, rights and responsibilities in all areas of life." (Sweden, 2021).

Ainda que na definição da categoria seja possível identificar um grau de interseccionalidade, que poderia significar uma revisão das estruturas do regime de gênero sueco, a perspectiva adotada para a implementação da estratégia nacional é limitada no que tange a considerar igualdade de gênero apenas no espectro binário mulher x homem. Esse fator não aplica uma despatriarcalização da política e se distancia do debate que tem sido promovido pelas feministas pós-coloniais em torno de pensar uma política feminista que inclua os direitos e referentes da população LGBTQIA+. Outrossim, essa normativa institucional do governo sueco reflete a chamada igualdade de gênero que, em muitos sentidos, não é, necessariamente, abordagem feminista.

Com o avanço da incorporação das políticas de *gender equality*[60] no tecido social do país, em 1994, foi estabelecido o *gender mainstreaming,* que impele todas as áreas do governo a incorporar a igualdade de gênero como guia para as tomadas de decisões. A *Swedish Gender Equality Agency* define a estratégia de *gender mainstreaming* como:

> [...] o trabalho em prol da igualdade entre **homens e mulheres** deve ser integrado nas operações regulares e não meramente tratado como uma via separada e paralela. Uma organização deve sistematicamente destacar e **analisar os impactos de várias propostas e decisões para mulheres e homens**, respectivamente, para que o trabalho tenha um impacto e **para alimentar os objetivos nacionais de igualdade de gênero.** Os conhecimentos resultantes devem, numa fase subsequente, informar a concepção do planejamento, da execução, do acompanhamento e do

---

[60] No site oficial da Swedish Gender Equality Agency é possível encontrar uma linha do tempo destacando as principais normas e legislações aprovadas no país ao longo da história. Nesta pesquisa não considerei oportuno retomar essa exposição, uma vez que é de fácil acesso ao público, e são dados presentes em inúmeras publicações sobre o tema de igualdade de gênero na Suécia. A proposta aqui é identificar a perspectiva adotada pela agência sueca tendo em vista normas específicas que foram base para a mudança subsequente nas legislações domésticas, e criaram pano de fundo para fundamentar uma proposta de política externa feminista.

desenvolvimento a todos os níveis de todas as operações públicas. (Sweden, 2021, tradução e grifo próprios) [61].

Para garantir a comunicação multisetorial da estratégia, o país passou a correlacionar essas normativas em todas as instâncias de governo, incluindo o espaço internacional. Nessa mesma época, a Suécia estava se candidatando para ser Estado-membro da União Europeia e levou a estratégia do *gender mainstreaming* para o bloco europeu, fomentando a coesão em torno da gestão da identidade de país promotor da igualdade entre mulheres e homens, mas identificada como igualdade de gênero. Importante destacar que essa defesa da identidade de "país amigo das mulheres" não foi sustentada tão facilmente para o ingresso no bloco europeu, o que revela a disponibilidade do Estado sueco em colocar em risco a trajetória que vinha construindo na agenda. Quando a Suécia aplicou para ingressar na UE, em 1991, o país passava por uma considerável crise econômica que gerava imprevisibilidade sobre a integração ao bloco. Especialistas indicavam que o modelo do bem-estar social-democrata era incompatível com as perspectivas da UE, já que os demais países europeus direcionaram suas economias na base da produção e os escandinavos, em particular a Suécia, atuavam a partir da correlação entre produção e reprodução, além de um forte desempenho nas políticas sociais (Laatikainen, 1995). Esse entrave ficou evidente na divisão social que aconteceu na Suécia durante os anos nos quais se debateu o ingresso no bloco. Não surpreendentemente, o eleitorado feminino era, em sua maioria, contra a integração da Suécia à UE, de acordo com documento da própria União Europeia:

> [...] este aspecto em particular pode ser visto como um determinante para a forte oposição à adesão por eleitores do sexo feminino da Suécia. [...] O que

---

[61] No original: "[...] according to the strategy, gender equality work must be integrated into the regular operations and not merely be dealt with as a separate, parallel track. An organisation must systematically highlight and analyse the impacts of various proposals and decisions for women and men, respectively, in order for the work to have an impact and in order to feed into the national gender equality goals. The resulting knowledge shall in a subsequent stage inform the design of the planning, implementation, follow-up and development at all levels of all public operations." (Sweden, 2021).

> tornou o sistema de bem-estar da Suécia tão único foi que ele se concentrou também na reprodução social e era universal em vez de contributivo [não limita os benefícios sociais aos contribuintes]. Tais políticas proporcionam às mulheres uma maior presença pública, mas os eleitores suecos temiam o aparente atraso na política social [...] (EPRS, 2015, p. 31, tradução própria)[62]

De acordo com Ann Towns (2002), a estratégia da Suécia foi tornar a perspectiva de gênero adotada pelo país uma oportunidade para os demais países da UE. Dessa maneira, por um lado, os suecos ingressaram no bloco e realizaram concessões em determinadas agendas, mas, por outro, mantiveram a atuação sobre a estratégia de *gender mainstreaming* apoiada em um modelo diferenciado de Estado de bem-estar social. Contudo, a própria terminologia *gender mainstreaming* já revela um grau de reprodução do regime de gênero e da ausência de revisionismo da estrutura histórica para o desenvolvimento de uma política feminista. O feminismo adotado pela Suécia se mostra como ainda muito ligado à tradição liberal, na qual, apesar de avanços significativos, as mulheres são inseridas em espaços patriarcais e com limitado alcance ao desempenho de poder. Isso é refletido nas taxas de desigualdade de ocupação no mercado de trabalho, por exemplo.

Outro aspecto importante a considerar é que havia um paradoxo no sistema de bem-estar social sueco, no sentido de que seus produtos, em muitas situações, reproduziam o que indicavam combater. Tal incongruência se reflete justamente no imaginário construído em torno da perspectiva de um Estado "avançado" nas questões relativas a gênero, mas que atua em suas normativas por uma perspectiva centrada nas relações heterossexuais, além de correlacionar os direitos das mulheres àquela ideia mais tradicional do

---

[62] No original: "[...] This aspect in particular may be seen as a determinant for the strong opposition to membership by Sweden's female voters. European welfare states tend to insure against public production. What made Sweden's welfare system so unique was that it focused also on social reproduction and was universal rather than contributory. Such policies afford female members of society a greater public presence but Swedish voters feared the apparent lag in social policy, where Brussels seemed to push forward with monetary union thus diminishing the other's importance" (EPRS, 2015).

feminismo liberal, de integração aos espaços públicos sem revisão das estruturas e por uma cooptação das normas do atual regime de gênero. Por isso, a nomenclatura dada pela Suécia para a estratégia nacional pode ser lida também como uma propaganda desse sistema hegemônico de atuação na agenda de gênero, excluindo articulações mais aprofundadas sobre a temática, reservando-se apenas a necessidade de indicar traços de interseccionalidades para acessar mais públicos e apoio à articulação defendida. Se é sublinhado que se observa a discriminação por etnia e identidade de gênero em documentos oficiais, entende-se que a oposição das ideias coletivas não pode indagar uma exclusão das reflexões dos atores sociais.

Durante a década de 1990 e os anos 2000, o país foi adotando políticas e estratégias para regulamentar institucionalmente no aparato estatal a igualdade de gênero. Em 2009 foi estabelecido o *The Swedish Discrimination Act,* que guia as ações do *The Ombudsman of Gender Equality*, criado em 1980 sob a batuta do Ministério do Trabalho. A partir da formulação do Ato de Discriminação, o Ombudsman passou a incluir questões relacionadas à etnia, religião, raça, orientação sexual, identidade de gênero, às descapacidades e qualquer outra razão que cause discriminação. O *Swedish Discrimination Act* (2009) é dividido por temáticas semelhantes àquelas indicadas na Cedaw e na Resolução 1325. É possível observar a prevenção da discriminação nas agendas de saúde, educação, nas diferentes formas de ocupação do mercado de trabalho e nas Forças Armadas. Os aspectos de transformação da estrutura histórica a partir da revisão que a normativa inclui no consenso coletivo sueco a revisão das relações sociais entre homens e mulheres em termos de capacidade cultural quanto material.

Em 2016 foi definida uma estratégia de 10 anos para a prevenção e eliminação da violência dos homens contra as mulheres e subobjetivos para a política nacional (Swedish Gender Equality Agency, s/da). Importante indicar que essa estratégia foi anunciada após o estabelecimento narrativo de uma PEF. Naquele ano ainda não havia normas institucionais para definir um processo de mudança na estrutura das relações exteriores suecas, dessa maneira, considero que essa estratégia foi um passo no processo de delimitação da agência a ser desempenhada nesse novo contexto do *rebranding* sueco. Nessa comunicação oficial do governo feminista do Partido Social-Democrata, foi anunciada a intensão de criar, em 2018, a *Swedish Gender Equality Agency*. Como já interpretado a partir da entrevista com representantes da Agência, foi um processo hierárquico e estritamente burocrático do aparato estatal, buscando a transversalização e avaliação da estratégia de *gender mainstreaming*. Por fim, é evidenciado o trabalho institucional realizado previamente ao anúncio e aos objetivos da criação da agência, sem ressaltar nenhum tipo de mecanismo de consulta direta a atores sociais.

> O governo pretende estabelecer uma agência de igualdade de gênero em janeiro de 2018 para alcançar uma governança estratégica, coesa e sustentável, e uma implementação efetiva da política de igualdade de gênero. **A agência será responsável pelo acompanhamento, análise, coordenação, conhecimento e apoio com base nos objetivos da política de igualdade de gênero.** No âmbito da agência, o Governo pretende igualmente tornar permanentes e coordenar várias atribuições nacionais em curso no domínio da política de igualdade entre homens e mulheres, tais como a atribuição da prostituição e do tráfico de seres humanos, e a atribuição de apoio ao trabalho das agências do governo central sobre a integração da perspectiva do gênero nas atividades fundamentais. **Essas atribuições foram anteriormente realizadas por diferentes agências em uma base de ano.** (Government Offices of Sweden, 2016, p. 1, tradução e grifos próprios)[63].

---

[63] No original: "The Government intends to establish a gender equality agency in January 2018 to achieve a strategic, cohesive and sustainable governance, and effective implementation of the gender equality policy. The agency will be responsible for follow-up, analysis, coordination, knowledge and support based on the gender equality policy goals. Within the framework of the agency, the Government also intends to make permanent and coordinate several on-going national assignments in the gender equality policy area, such as the assignment on prostitution and human trafficking, and the assignment on supporting central government agencies' work on gender mainstreaming of core activities. These assignments have previously been carried out by different agencies on a year-to-year basis." (Government Offices of Sweden, 2016, p. 1).

O documento publicado pelo governo sueco, em 2016, também indicou as estratégias pensadas para a incidência no âmbito internacional. No primeiro trecho sobre a temática foi assinalado que "[...] o governo da Suécia prioriza a promoção da igualdade de gênero em todos os seus esforços na arena internacional. Uma perspectiva de igualdade de género é sistematicamente integrada nas ações da Suécia a nível global, na UE e bilateralmente." (Government Offices of Sweden, 2016, p. 3. Tradução própria)[64], ou seja, há um reforço da estratégia do *branding* feminista para uma atuação na arena internacional. Contudo, mais uma vez é reforçada a compreensão binária da atuação na agenda: "[...] a fortalecer os direitos, a representação e o acesso aos recursos de **mulheres e meninas**. O plano de ação salienta as **mulheres e as meninas como partes interessadas e a importância de envolver homens e rapazes no processo de mudança para a igualdade de género.**" (Government Offices of Sweden, 2016, p. 3, tradução e grifos próprios)[65].

É possível argumentar que a agência doméstica sueca é, de fato, permeada por uma constante contradição. Apesar de indicar um passo na direção de uma visão interseccional, ainda apela para normativas baseadas em visões liberais e binárias de gênero, e delimita subobjetivos que claramente não têm sido alcançados na prática.

1. Igualdade na divisão de poder e influência: a ideia de que as mulheres devem ter a mesma capacidade de tomada de decisão que os homens, não apenas sendo integradas na participação política, no mercado de trabalho, mas devem ter a oportunidade de exercer suas capacidades.

---

[64] No original: "Sweden's Government prioritizes promoting gender equality in all its endeavours on the international arena. A gender equality perspective is integrated systematically in Sweden's actions globally, in the EU and bilaterally." (Government Offices of Sweden, 2016, p. 3).

[65] No original: "[...] aimed at strengthening the rights, representation and access to resources of women and girls. The action plan emphasises women and girls as stakeholders and also the importance of involving men and boys in the process of change for gender equality." (Government Offices of Sweden, 2016, p. 3).

2. Igualdade econômica de gênero: homens e mulheres têm que ter a mesma oportunidades e condições de pagamento, de modo a gerar independência econômica.

3. Igualdade educacional: homens e mulheres, meninos e meninas, devem ter as mesmas oportunidades e condições de acesso à educação e ao desenvolvimento pessoal.

4. Igualdade de distribuição no trabalho doméstico e de cuidado: divisão da responsabilidade entre homens e mulheres na esfera doméstica e oportunidade de desempenharem papéis de cuidadores e receberem cuidados em termos equivalentes.

5. Igualdade na saúde: oferecer saúde e cuidado com a mesma qualidade para homens e mulheres, meninos e meninas.

6. Fim da violência de homens contra as mulheres: mesmo direito de acesso à integridade física.

Tendo em vista que a reflexão até aqui apresentada revela uma tendência da agência sueca com a manutenção do *status quo* do regime de gênero e uma mudança de nomenclaturas para identificar as ações políticas governamentais, é importante entender o processo de especialização e institucionalização da temática. Após assumir o governo em 2014, a coalizão liderada pelo partido social-democrata iniciou um esforço para estabelecer, de fato, o que entendiam como governo feminista. Assim, no ano 2018 a *Swedish Gender Equality* iniciou seus trabalhos. A atividade desempenhada pela agência foi um extenso trabalho de pesquisa e monitoramento da aplicação da perspectiva de *gender equality* e *gender mainstreaming* nos Ministérios, Secretarias, Agências nacionais e locais do país, e está subsidiada ao Ministério do Trabalho.

De acordo com representantes da Agência, antes da criação da *Swedish Gender Equality Agency* não havia uma instituição que estabelecesse os objetivos da agenda de gênero, e nenhum processo de avaliação de como a igualdade de gênero era colocado em prática na política sueca. Outro fator importante a destacar é que a criação da agência não foi resultado de um processo de interlocução e consulta do governo com representantes da sociedade civil organizada sueca. Ou seja, não partiu e/ou teve relação de cooperação em construção coletiva com as mobilizações sociais de associações feministas, mas foi resultado de uma concepção governamental baseada no reforço da adjetivação da política sueca como feminista, que formulou pesquisas em profundidade no âmbito das diferentes pastas do governo.

É possível inferir que não houve uma disputa de ideias sobre as perspectivas adotadas na agência, uma vez que foi desenhada a partir da visão unilateral do governo em vigência e da estrutura histórica de gênero do país, integrando uma orientação binária de gênero e uma visão mais próxima das reflexões liberais dos feminismos. Tendo em vista a demanda por agência transformadora, esperava-se que para o passo dado na direção da institucionalização da igualdade de gênero em um contexto de governança feminista, sejam consultadas as forças sociais e integradas na formulação dos conceitos e das categorias utilizados para medir a eficiência e eficácia da implementação da política de igualdade de gênero nacional. Ainda que válida a criação de um mecanismo de acompanhamento, é importante destacar que é um processo hierárquico do Estado e entre suas instituições, sem a inclusão de ideias conflitantes que fortalecem a revisão das estruturas históricas do regime de gênero.

Especificamente sobre a normativa internacional, é importante considerar o posicionamento da agência sueca a partir da publicação do *Handbook Sweden 's feminist foreign policy* em 2018. Um dado que deve ser considerado para a avaliação desse documento é que a data da sua publicação faz com que informações geradas anteriormente, como é o caso da comunicação oficial do governo sueco de 2016, fossem reproduzidas em algumas das partes do *Handbook*. Feita essa observação, destaco a introdução realizada pela então Ministra de Relações Exteriores, Margot Wallström, sobre a definição do que seria a Política Externa Feminista da Suécia:

> Essencialmente, a política externa feminista da Suécia é um **método de trabalho e uma perspectiva que toma três Rs como ponto de partida e é baseada em um quarto R.** A implicação é que o Serviço Exterior Sueco, em todas as suas partes, se esforçará por reforçar todos os Direitos, Representação e Recursos das mulheres e das meninas, com base na **Realidade** em que vivem. A política externa feminista da Suécia é uma agenda transformadora que visa **mudar as estruturas e aumentar a visibilidade das mulheres e meninas como atores.** A discriminação e a desigualdade de género em todas as fases e contextos da vida devem ser contrariadas. A política baseia-se na **intersecionalidade**, o que significa levar em conta o fato de que **as pessoas têm diferentes condições de vida, níveis de influência e necessidades.** (Sweden, 2018, p. 11, tradução e grifo próprios)[66].

O trecho destacado foi a primeira vez na qual a Suécia apresentou a perspectiva de interseccionalidade em uma norma sobre a política feminista. A inclusão de um novo R no método de desenvolvimento da política externa feminista mostrou-se como alternativa às críticas que já vinham sendo realizadas a respeito do padrão neoliberal da perspectiva sueca em suas ações externas no espectro do paradigma assumido e proposto como inovador. A ideia de interseccionalidade surgiu no sentido de romper com a compreensão tradicional acerca do *gender mainstreaming,* que tende a reificar os padrões de dominação do sistema patriarcal. O mais interessante é que o texto que remete a autoria à Walström é o primeiro trecho que usa a palavra interseccionalidade, e não informa o que o governo compreende pelo termo, mais além do

---

[66] No original: "Essentially, Sweden's feminist foreign policy is a working method and a perspective that takes three Rs as its starting point and is based on a fourth R. The implication is that the Swedish Foreign Service, in all its parts, shall strive to strengthen all women's and girls' Rights, Representation and Resources, based on the Reality in which they live. Sweden's feminist foreign policy is a transformative agenda that aims to change structures and enhance the visibility of women and girls as actors. Discrimination and gender inequality in all life's stages and contexts shall be counteracted. The policy is based on intersectionality, which means taking into account the fact that people have different living conditions, levels of influence and needs." (Sweden, 2018, p. 11).

reconhecimento de diferentes condições de vida, níveis de influência e necessidades. O uso indiscriminado do termo aponta muito mais para uma instrumentalização dos feminismos críticos por parte de uma ordem liberal do que uma busca por estabelecer novos padrões de liderança que sejam mais próximos de uma articulação contra-hegemônica (Parashar, 2018).

Por seu turno, a palavra realidade, como parte do grupo dos R, aparece cinco vezes no documento. A primeira é na página 6, em texto também assinado por Wallström, Ann Linde, então Ministra de Negócios e Comércio Europeu e que posteriormente tornou-se Ministra de Relações Exteriores, e Isabella Lövin, então Ministra para Cooperação Internacional e Clima: "[...] a política externa feminista da Suécia começa e termina com a **realidade. Com base em fatos e estatísticas sobre o cotidiano de meninas e mulheres**, a política visa entregar resultados que façam a diferença na vida das pessoas. Caso contrário, perderá sua relevância" (Sweden, 2018, p. 6, tradução e grifo próprios)[67]. Outro trecho no qual a palavra é utilizada com a conotação de contextualizar as ações da política externa sueca a partir dos espaços ocupados por meninas e mulheres beneficiárias é na seção intitulada *"Working methods at country level"*:

> Um ponto de partida importante para a política externa feminista é que **o trabalho deve ser baseado na realidade onde as operações são realizadas, para que as análises sejam precisas e a abordagem tenha o máximo impacto.** Isso significa que as abordagens podem **variar entre diferentes missões no exterior. Ao mesmo tempo, algumas experiências coincidem.** (Sweden, 2018, p. 93, tradução e grifo próprios)[68].

---

[67] No original: "Sweden's feminist foreign policy begins and ends with reality. Based on facts and statistics on the daily lives of girls and women, the policy aims to deliver results that make a difference in people's lives. Otherwise, it will lose its relevance" (Sweden, 2018, p. 6).

[68] No original: "One important starting point for the feminist foreign policy is that the work must be based on the reality where operations are carried out, so that the analyses are accurate and the approach has the maximum impact. This means that the approaches may vary between different missions abroad. At the same time, some experiences coincide" (Sweden, 2018, p. 93).

Na seção *"Pursuing gender equality in the face of headwinds"*, o trecho aborda a questão da realidade como uma perspectiva que tem beneficiado o trabalho das embaixadas suecas no enfrentamento das resistências às ações do país.

> A política externa feminista da Suécia às vezes encontra **resistência que se manifesta de diferentes maneiras,** por exemplo, através de técnicas de supressão, como ridicularizar e tornar o visível invisível. Ao mesmo tempo, **essa resistência tem sido menor do que o esperado e tem diminuído de acordo com o crescimento contínuo em interesse e suporte. Uma explicação para esta tendência é o trabalho ativo do Serviço Externo sueco para ganhar apoio para a política dentro do quarto R, por exemplo, a realidade em que é operada.** As Embaixadas e departamentos suecos dentro do Serviço Exterior Sueco usam uma série de abordagens diferentes. Para além da perspectiva dos direitos, impõe-se também destacar pesquisas, experiências e argumentos que mostram que a **igualdade de género beneficia o desenvolvimento social e económico.** (Sweden, 2018, p. 103, t radução e grifo próprios)[69].

Esses trechos revelam muitas características do modelo de liderança exercido pela política exterior sueca em suas normas institucionais. Começando pela citação supracitada, há inúmeros aspectos da ordem mundial hegemônica e do regime de gênero reproduzindo uma estrutura hierarquizada nas relações com outros países. Em primeiro lugar, sobre a ideia de resistência é importante

---

[69] No original: "Sweden's feminist foreign policy is sometimes met with resistance that manifests itself in different ways, for example through suppression techniques such as ridiculing and making the visible invisible. At the same time, this resistance has been less than expected and has eased in line with the continuous growth in interest and support. One explanation for this trend is the Swedish Foreign Service's active work to win support for the policy within the fourth R, i.e. the reality in which it is operated. Swedish embassies and departments within the Swedish Foreign Service use a number of different approaches. In addition to the rights perspective, it is also important to highlight research, experiences and arguments which show that gender equality benefits social and economic development" (Sweden, 2018, p. 103).

destacar que as resistências encontradas devem ser amplamente debatidas e apresentadas nas normativas institucionais, no intuito de incorporar um processo de reflexão horizontal entre as partes envolvidas nas políticas de cooperação. Em segundo lugar, a alternativa mobilizada pelas embaixadas é justamente aquela difundida pela indústria do desenvolvimento, que incorpora a igualdade de gênero com objetivos econômicos atrelando as metas de um Estado e sua classificação internacional como desenvolvidos apenas restritos às métricas quantitativas da economia. A igualdade de gênero se torna então um mero artifício/ferramenta para o avanço do capitalismo e, mais uma vez, identificam-se efeitos de a) instrumentalização do feminismo e das questões de gênero; b) ausência de revisão das estruturas nas quais as políticas de igualdade de gênero são desenvolvidas; e c) um padrão de internacionalização do feminismo neoliberal.

Esse último trecho, reproduzido em português, contradiz diretamente a citação anterior que reforça a inclusão da perspectiva local para a articulação política, quando, na realidade, mobiliza uma retórica patriarcal e neoliberal em torno do desenvolvimento como crescimento econômico e atrela questões locais a processos de resistência sem questionar ao que se resiste. Ao que parece, nesta norma sueca, o que se entende por realidade é uma adequação aos padrões de *gender mainstreaming* em uma lógica de internacionalização da política do desenvolvimento e uma perspectiva binária sobre a igualdade de gênero, uma vez que apenas mulheres e meninas são citadas como receptoras das políticas. Detalhe muito interessante é que enquanto a palavra interseccionalidade aparece uma vez, perspectiva interseccional três vezes e realidade cinco vezes, sendo quatro com a ideia de contextualização dos atores beneficiários das políticas, o conceito *gender mainstreaming* é utilizado 18 vezes ao longo das 116 páginas do manual.

O manual sueco é dividido por áreas temáticas tais como segurança, direitos humanos, democracia e cooperação internacional. No caso específico da Cooperação, é destacado que o processo de liderança é realizado pelas normativas da Agência de Cooperação para o Desenvolvimento e pontuado os seguintes aspectos sobre a integração da análise de igualdade de gênero na CID:

> • Garantir que mulheres, homens, meninas e meninos sejam **consultados durante a fase de planejamento** para identificar necessidades e gargalos. • Realizar **consultas no local que são acessíveis a mulheres e homens**, e em momentos do dia em que estão disponíveis. Realize consultas separadas por gênero, se necessário. • Seja claro. Evite formulações como "A igualdade de gênero deve caracterizar todas as fases do projeto". Em vez disso, descreva o que, como e quando. • **Analisar o acesso das mulheres e dos homens aos recursos**: recursos econômicos, produtivos, políticos e temporais. • Use indicadores quantitativos e qualitativos para acompanhar a iniciativa. • **Garanta dados desagregados por sexo** e idade. (Ministry of Foreign Affairs, 2019, p. 79, tradução e grifo próprios)[70].

Assim como a menção à interseccionalidade, a citação indica um movimento de tentativa de mudanças no formato da liderança sueco, mas que é muito mais próximo do reconhecimento da desigualdade de gênero por parte do Estado, e a aplicação de mudanças para incluir as mulheres nos processos formais, mas sem revisão das estruturas. Há uma mudança na terminologia e uma busca por conceitos mais críticos, mas não é realizado um aprofundamento sobre os significados desses termos na sociedade doméstica sueca nem nos países beneficiários da cooperação. Dessa maneira, o

---

[70] No original: "• Ensure that women, men, girls and boys are consulted during the planning phase to identify needs and bottlenecks. • Carry out on-site consultations that are accessible to both women and men, and at times of the day when they are available. Carry out gender-separate consultations if necessary. • Be clear. Avoid wording such as "Gender equality shall characterise all phases of the project". Instead, describe what, how and when. • Analyse women's and men's access to resources: economic, productive, political and time resources. • Use both quantitative and qualitative indicators to follow up on the initiative. • Ensure sex- and age-disaggregated data." (Ministry of Foreign Affairs, 2019, p. 73).

paradoxo da igualdade de gênero, fundado nas inconsistências do Estado de bem-estar social sueco, reflete em suas normativas. Uma vez que, por vezes, demonstra uma tentativa de acessar um modelo de liderança normativo contra-hegemônico, mas que, ao fim, não aprofunda tais (re)interpretações das desigualdades de gênero, e acaba reproduzindo a lógica da ordem mundial. Transfere para outros territórios lideranças normativas hegemônicas, a partir de um *storytelling* autocentrado, que busca mais um reforço da imagem do próprio Estado e um "ensinamento" ante as resistências encontradas, do que de fato um processo horizontal de reflexão a partir de diferentes feminismos que questionem as normativas que sustentam o regime de gênero e proponham avanços na liderança da CID.

Como Ann Towns (2002) sugeriu, o investimento na propaganda em torno da agenda de gênero foi tradicionalmente importante para o país nórdico de modo a fomentar a fidelidade no reconhecimento do país como referência nessa temática e manter a sua importância no sistema internacional. Esse feito se enquadra exatamente na perspectiva de que os países aderem a determinadas agendas de desigualdade como forma estratégica de inserção no sistema internacional (Llistar, 2009), e, no caso particular da PEF sueca, reconheço que a imagem para a campanha externa de "Estado amigo das mulheres" é uma política de Estado, porque transcende diferentes ideologias partidárias. Apesar de a PEF ter sido retirada do paradigma do atual governo de extrema direita, os porta-vozes da administração eleita em 2022 afirmam que a igualdade de gênero é uma identidade sueca. No trecho anteriormente reproduzido, fica evidente que a articulação sueca em torno da agenda feminista vai mais no sentido de reforçar o consenso coletivo sobre a agenda de gênero na atual ordem mundial do que gerar uma (re)interpretação dos processos de política internacional e suas estruturas não questionadas que tendem, em muitos casos, a reproduzir padrões de poder que impedem o aprofundamento real do debate acerca da temática gênero.

Uma outra estratégia do reforço desse consenso coletivo é a forma de adesão da Agenda 2030. O viés normativo proposto pela Agenda 2030, internalizado em um processo automático por Estados como a Suécia, apoia uma estrutura do desenvolvimento sustentável que, na realidade, reproduz metodologias tradicionais, o que significa que, se as ferramentas para diagnóstico da realidade não mudam, os resultados tendem a ser os mesmos. Essa tradição sobre a adjetivação do desenvolvimento também pode ser trasladada para pensar a política externa e a inclusão da agenda feminista como política de um Estado e/ou governo, uma vez que uma análise crítica de tais propostas fomenta a reflexão de que há apenas uma mudança/inclusão de determinada nomenclatura.

> **O desenvolvimento global justo e sustentável não é possível sem igualdade de género entre mulheres, homens, raparigas e rapazes.** O quadro normativo global para a igualdade de género e o empoderamento das mulheres e meninas e o gozo dos direitos humanos baseia-se, entre outras coisas, na **Convenção das Nações Unidas sobre a Eliminação de Todas as Formas de Discriminação contra as Mulheres (CEDAW),** nas declarações e os planos de ação das conferências de mulheres da ONU, das conferências de população e das conferências de acompanhamento, bem como a **Resolução 1325 do Conselho de Segurança das Nações Unidas** sobre as mulheres, a paz e a segurança e as resoluções subsequentes. **A Agenda 2030 implica um aumento claro e sistemático do nível de ambição, em que a igualdade de género constitui uma parte integrante do desenvolvimento social, económico e ambientalmente sustentável.** A igualdade de gênero é uma meta em si mesma (meta 5), mas também uma condição para a realização de todos os Objetivos Globais. O princípio de não deixar ninguém para trás também lança luz sobre formas de discriminação que se reforçam mutuamente e coloca o **foco nas**

> **mulheres e meninas mais pobres, marginali-zadas e excluídas.** (Sweden Government Office, 2017, p. 21, tradução e grifos próprios)[71].

Mais além, a Agenda 2030 é a primeira de um conjunto de regulamentos delimitados na pesquisa que trata especificamente sobre o desenvolvimento. Por isso, esse trecho que inaugura a seção sobre igualdade de gênero do plano de ação sueco para a implementação da Agenda 2030 foi selecionado. Os grifos realizados buscam evidenciar um processo mantenedor das estruturas tradicionais do desenvolvimento e que impactam diretamente no conceito de ajuda ao desenvolvimento: há uma ideia de que o desenvolvimento tem uma relação direta com a questão econômica. Além de citar as questões sociais e ambientais, indica que a norma conceitual que guia o trabalho do país é justamente questões relacionadas à pobreza. E, assim, é válido retomar o debate proposto por Vandana Shiva (1995) e García (1994), sobre o "problema da pobreza", resultado da Década de Desenvolvimento da ONU.

> **A falta de acesso ao poder econômico e político e a influência de mulheres e meninas continua sendo um grande desafio e a legislação discriminatória é comum em muitos países.** A falta de direitos e **recursos econômicos**, nomeadamente em termos de propriedade e de direitos de herança, **restringe o desenvolvimento.** As mulheres constituem quase metade dos trabalhadores agrícolas do mundo, mas muitas vezes não têm o direito legal à terra em que trabalham. As diferenças de gênero permanecem em termos de ocupação e as mulheres estão super-re-

---

[71] No original: "Fair and sustainable global development is not possible without gender equality between women, men, girls and boys. The global normative framework for gender equality and empowerment of women and girls and enjoyment of human rights is based, among other things, on the UN Convention on the Elimination of All Forms of Discrimination against Women (Cedaw), the declarations and plans of action from the UN's women's conferences, population conferences and follow-up conferences, as well as UN Security Council resolution 1325 on women, peace and security, and subsequent resolutions. The 2030 Agenda entails a clear and systematic increase in ambition level, in which gender equality constitutes an integral part of social, economic and environmentally sustainable development. Gender equality is a goal in itself (goal 5) but also a condition for the achievement of all Global Goals. The principle of leaving no one behind also sheds light on mutually reinforcing forms of discrimination and places focus on the poorest, the most marginalised and excluded women and girls" (Sweden Government Office, 2017, p. 21).

> presentadas no setor informal. **A responsabilidade que as mulheres e meninas têm pelo trabalho doméstico e cuidado não remunerado limita suas oportunidades de educação, trabalho formal e participação em todos os aspectos da vida em sociedade** (Sweden Government Office, 2017, p. 21, tradução e grifo próprios)[72].

O que é possível depreender é que, mais além de manter a questão do desenvolvimento atrelada ao "problema da pobreza", essa narrativa é mobilizada normativamente para estabelecer, também, uma correlação com temáticas importantes ao Estado de bem-estar social nórdico. Em primeiro lugar, esta pesquisa não argumenta que a questão de classe não impacta a vida das mulheres e meninas de maneira desigual. Contudo, defendo que a ideia de que a articulação em torno de questões econômicas por uma perspectiva hegemônica não revisa as estruturas que faz com que as mulheres sejam, por exemplo, sub-representadas no mercado de trabalho formal. Dessa maneira, entendo que a liderança normativa sueca é hegemônica, no caso da agenda de CID feminista. Ainda que tenha dado sinais de que atuaria em torno de uma perspectiva interseccional e desenvolvido um aparato institucional em torno da igualdade de gênero, o país se limitou a reproduzir os conteúdos das normativas internacionais, fazendo uso desses documentos para o fortalecimento do capital político e articulação internacional. Os benefícios dessa atuação estão não apenas nas boas políticas para as mulheres suecas, mas também no reconhecimento internacional que outorga ao país articulação com diversos Estados e se torne referência na agenda, substituindo suas fraquezas na arena internacional.

---

[72] No original: "The lack of access to economic and political power and influence by women and girls continues to be a major challenge and discriminatory legislation is common in many countries. Lack of economic rights and resources, not least in terms of ownership and rights of inheritance, restrict development. Women make up almost one half of the world's agricultural labourers, but they nevertheless often lack the legal right to the land they work. Gender differences remain in terms of occupation and women are overrepresented in the informal sector. The responsibility women and girls bear for unpaid domestic and care work limits their opportunities for education, formal work and participation in all aspects of life in society" (Sweden Government Office, 2017, p. 21).

Figura 2 – Aspectos de liderança normativa hegemônica identificados na agência sueca

BINARISMO

Defende a igualdade entre homens e mulheres sem maior aprofundamento sobre questões de identidade sexual e de gênero. A discussão também não acessa como tais aspectos são constitutivos da estrutura institucional (capacidades materiais e culturais). Nas poucas revisões mais críticas, elas estão limitadas ao gender mainstreaming, reforçando a condição de análises binárias.

ASSIMILAÇÃO HEGEMÔNICA DAS IDEIAS COLETIVAS

As ideias coletivas, ou seja, as questões mobilizadas pela sociedade civil organizada, são assimiladas pela estrutura burocrática estatal em um processo de integração aos modelos de igualdade de gênero liberal. Isto limita a revisão das estruturas que informam o regime de gênero e, assim, inclui apenas atores não estatais que não tendem a questionar a estrutura vigente.

ATUAÇÃO POR "CONSTRANGIMENTO" INTERNACIONAL

Ainda que haja uma pequena revisão dos parâmetros do regime de gênero, essas medidas são estabelecidas a partir de um constrangimento do sistema internacional, e, portanto, está limitada, em muitos casos, à assimilação de normas institucionais por parte dos Estados. Em outros casos, fica somente na elaboração de normas governistas, indicando que qualquer mudança de ideologia partidária poderá afetar a continuidade das normas vigentes.

Fonte: a autora

SEGUNDA FASE DE ANÁLISE: A DELIMITAÇÃO DAS CAPACIDADES DE TRANSFORMAÇÃO DAS ESTRUTURAS DA CID SUECA A PARTIR DA POLÍTICA EXTERNA FEMINISTA

Na análise sobre a liderança normativa realizada na primeira parte de aplicação do método pôde-se evidenciar que, no que tange às agências institucionais burocráticas suecas, há um paradoxo no *branding* que favorece uma liderança hegemônica.

> A Suécia adere a um sistema dualista e as convenções ratificadas não se tornam automaticamente parte do direito interno. Existem dois métodos principais para dar efeito legal às convenções internacionais no direito sueco: **incorporação e transformação. As convenções internacionais são geralmente transformadas em lei sueca pela promulgação de disposições equivalentes em um estatuto sueco existente ou novo. Em certos casos, uma convenção pode ser incorporada por meio do direito geral, afirmando que a convenção deve ser aplicada na Suécia como lei e ser diretamente aplicável.** (Sweden Government Office, 2019, p. 7, tradução e grifos próprios)[73].

Esse trecho parece objetivar a indicação de que a Suécia não incorpora automaticamente as perspectivas estabelecidas em convenções internacionais, no entanto, o mesmo trecho descreve o processo de assimilação burocrática de tais convenções como de efeito imediato a partir da observação do legislativo sueco, que são transformados em lei, com efeitos imediatos. Dessa condição derivam os planos de ação tendo em vista a Cedaw, a Resolução n. 1325, a Agenda 2030 e, no caso específico da CID, a perspectiva coerência de políticas de desenvolvimento da União Europeia.

---

[73] No original: "Sweden adheres to a dualistic system and ratified conventions do not automatically become part of domestic law. There are two main methods for giving legal effect to international conventions in Swedish law: incorporation and transformation. International conventions are usually transformed into Swedish law by the enactment of equivalent provisions in an existing or new Swedish statute. In certain cases, a convention can be incorporated by means of general law, stating that the convention shall apply in Sweden as law and be directly applicable" (Sweden Government Office, 2019, p. 7).

A observação em torno dos aspectos da relação entre a política de cooperação sueca com a tradição de posicionamento internacional, bem como o nível de assimilação da agenda de gênero à burocracia do país, fornecerá instrumentos para compreender à medida que a PEF sueca foi capaz de estabelecer revisões críticas sobre as questões de gênero. Busco compreender se é de maneira transversalizada, com capacidade de transformar a política de governo em política de Estado e, assim, impactar uma revisão da estrutura histórica da ordem internacional de cooperação para o desenvolvimento.

Em primeiro lugar, reconheço que a estrutura histórica da CID sueca está baseada na perspectiva de *gender mainstreaming* que, para Aggestam e True (2020), altera a maneira como os Estados articulam suas políticas domésticas e externas, além de indicar o nível de adesão/assimilação à estrutura histórica da ordem mundial. Barbas, Chaves e Lucero (2022) sugerem que a Suécia, ao assumir essa ideia, acaba por não questionar as estruturas e tende a incluir as mulheres de uma maneira homogeneizada. Acrescentam que há uma estrutura institucional que tem o olhar estritamente voltado para interlocutores específicos nas relações internacionais, como é o caso dos organismos multilaterais.

No contexto sueco, o *gender mainstreaming* não é apenas uma perspectiva da política externa e doméstica, mas uma ferramenta do *Gender Tool Box* da Sida, com três etapas: a análise de gênero, identificação de áreas relevantes para atuar e a abordagem, e, por último, o que definem como três principais passos – que é a integração da igualdade de gênero nas intervenções, a categorização de grupos específicos por meio da intervenção social e do diálogo com parceiros que possuem perspectiva sensível ao gênero (Sida, 2015). Em 2020, a Sida atualizou a metodologia e publicou um documento no qual reúne as perspectivas sob as quais se baseia a aplicação do *gender mainstreaming* na cooperação internacional (Sida, 2020).

De acordo com a perspectiva revisada em 2020, a Sida articula seus projetos de cooperação a partir da ferramenta de *gender mainstreaming* levando em consideração as seguintes normativas internacionais: Cedaw, *The Convention on Violence and Harassment* (Ilo C190), Convenção do Belém do Pará, *The Protocol to the African Charter on Human and People's Rights on the Rights of Women in Africa, Maputo Protocol, Council of Europe, Europe Convention on preventing and combating violence against women and domestic violence.* Ainda considera também a Declaração Universal dos Direitos Humanos, a *International Conference on Population and Development Programme of Action*; a Declaração e a Plataforma de Ação de Pequim, *Declaration on the Elimination of Violence Against Women*, os Objetivos do Desenvolvimento Sustentável e a Resolução n. 1325 e suas Resoluções.

> **O combate à discriminação de gênero também requer mudanças nas leis e políticas discriminatórias de gênero.** Os direitos humanos das mulheres e das meninas são especificamente protegidos por convenções e declarações. **Esses marcos normativos e compromissos devem ser refletidos nas políticas e planos de ação dos governos. Eles são uma base importante para responsabilizar os governos e levar as questões locais à atenção dos órgãos de direitos humanos.** (Sida, 2020, p. 2, tradução e grifos próprios)[74].

A primeira fase de análise de gênero sobre o país beneficiário é informada por dados coletados no MDPA — Análise Multidimensional da Pobreza (MDPA, sigla em inglês), que considera entender quem está em condição de pobreza, além de como são impactados pelas quatro dimensões anteriormente descritas —, mas também é realizada uma análise de gênero a respeito da intervenção a ser feita pela Sida. Importante assinalar que os documentos da organização utilizam a palavra **intervenção** para descrever os projetos de cooperação.

---

[74] No original: "Normative guiding frameworks Tackling gender discrimination also requires changing gender discriminatory laws and policies. Human rights of women and girls are specifically protected by conventions and declarations. These normative frameworks and commitments should be reflected in governments policies and action plans. They are an important base for holding governments accountable and for bringing local issues to the attention of human rights bodies." (Sida, 2020, p. 2).

> Uma análise de gênero identifica a **diferença entre mulheres, homens, meninas e meninos em relação às diferenças na distribuição de recursos, oportunidades e escolha, poder e voz e segurança humana em um determinado contexto.** Uma análise de gênero destaca vulnerabilidades e atores específicos para mudança entre esses grupos. (Sida, 2020, p. 4, tradução e grifos próprios)[75].

As perguntas-chave para a realização da análise são relacionadas à disponibilidade de informações quantitativas e qualitativas sobre as relações de gênero e interseccionalidade no sentido de que questiona: "a contribuição considera como gênero **cruza com outras identidades, como idade, gênero identidade e expressão de gênero, orientação sexual, deficiência, etnia e religião** ou outras crenças?" (Sida, 2020, p. 5. Tradução e grifos próprios)[76]. Há também uma observação em torno de como os recursos da contribuição afetarão a população beneficiária, propiciando a uma verificação sobre capacidade de acesso e controle de recursos. A normativa da Sida (2020) também indica como importante a indagação sobre qual violência de gênero se busca combater com determinado projeto, se é violência doméstica — física, psicológica, sexual — ou violência política, ou se é violência em contexto de conflitos armados. Outro aspecto importante são as normas sociais de gênero e como afetam a vida das meninas e mulheres, mas também dos homens e meninos da localidade. Mais além, há uma investigação sobre as normas internacionais que o país ratificou/assinou em termos de igualdade de gênero:

> Incluindo potenciais reservas, por exemplo sobre o **CEDAW**. O recente **relatório de Pequim e o relatório ODS** são outras fontes de informação.

---

[75] No original: "A gender analysis identifies the difference between and among women, men, girls and boys regarding differences in distribution of resources, opportunities and choice, power and voice, and human security in a given context. A gender analysis highlights specific vulnerabilities and actors for change among these groups." (Sida, 2020, p. 4).

[76] No original: "Does the contribution consider how gender intersects with other identities such as age, gender identity and gender expression, sexual orientation, disability, ethnicity, and religion or other beliefs?" (Sida, 2020, p. 5).

> Como esses compromissos foram implementados, como por meio de uma estratégia nacional de igualdade de gênero? Existem leis e políticas discriminatórias de gênero?" (Sida, 2020, p. 5, tradução e grifos próprios)[77].

Na fase de abordagem da mudança, a norma da Sida indica que se deve ter muito claro o objetivo do projeto, no sentido de estabelecer os caminhos e recursos a serem seguidos ao longo da implementação. Assim, há uma lista de perguntas base para identificar a agenda específica de atuação de dado projeto e que são executadas por meio de três abordagens, que podem ser implementadas separadamente ou em conjunto.

> **Integrada:** A igualdade de gênero é um pré-requisito para promover os direitos humanos das mulheres e meninas, e contribui para alcançar o objetivo principal da contribuição. A contribuição é baseada em uma análise de gênero e aborda as necessidades de mulheres, homens, meninas e meninos. **Tem pelo menos um objetivo explícito de igualdade de gênero apoiado por pelo menos um indicador específico de gênero. Isto pode incluir, por exemplo, que a igualdade de género é considerada nos resultados esperados, orçamento, alocação de recursos humanos e atividades; indicadores são desagregados; e métodos sensíveis ao gênero são utilizados.** (Sida, 2020, p. 6, tradução e grifo próprios)[78].
> **Objetivo:** O principal objetivo da contribuição é promover a igualdade de gênero. **Isto poderia, por**

---

[77] No original: "Normative frameworks: [...] including potential reservations, for example on Cedaw. The country's recent Beijing-report and SDG report are other sources of information. How have these commitments been implemented, such as through a national gender equality strategy? Are there any gender discriminatory laws and policies in place?" (Sida, 2020, p. 5).

[78] No original: "Integrated: Gender equality is a prerequisite to further women's and girls' human rights, and it contributes to achieve the main objective of the contribution. The contribution is based on a gender analysis and addresses the needs of women, men, girls and boys. It has at least one explicit gender equality objective backed by at least one gender-specific indicator. This can e.g. include that gender equality is considered in expected results, budget, human resource allocation and activities; indicators are disaggregated; and gender sensitive methods are made use of." (Sida, 2020, p. 6).

exemplo, incluir o acesso das mulheres ao crédito, abordando normas sociais e práticas prejudiciais; alterando leis discriminatórias; aumentando o acesso à tomada de decisão e influência para as mulheres; e mudando o recrutamento, políticas de retenção e promoção para garantir a igualdade de gênero em empregos e salários e muito mais. (Sida, 2020, p. 7, tradução e grifo próprios)[79].

Diálogo: Esta abordagem é uma parte instrumental da gestão da contribuição da Sida na preparação, acompanhamento e conclusão do apoio. O diálogo faz parte da defesa dos valores, prioridades e normas universais da Suécia. A Sida tem um papel central a desempenhar no diálogo como agência especializada em cooperação para o desenvolvimento do Governo sueco. O diálogo com as organizações parceiras pode envolver aspectos como a importância da integração do gênero; sublinhando que os parceiros garantiram uma ampla participação na concepção e acompanhamento de um projeto; e que a comunicação de um projeto atinge as mulheres, homens, meninas e meninos, fazendo uso de diferentes métodos. (Sida, 2020, p. 7, tradução e grifos próprios)[80].

A Sida (2020) mobiliza exatamente aspectos considerados de extrema importância para questionar a estrutura da cooperação

---

[79] No original: "Targeted: The main objective of the contribution is to promote gender equality. This could e.g. include women's access to credit addressing harmful social norms and harmful practices; changing discriminatory laws; increasing access to decision-making and influence for women; and changing recruitment, retention and promotion policies to ensure gender equality in jobs and salaries and more." (Sida, 2020, p. 7).

[80] No original: "Dialogue: This approach is an instrumental part of Sida's contribution management in the preparation, follow-up and conclusion of support. Dialogue is part of advocating for Swedish values, priorities and universal norms. Sida has a central role to play in the dialogue as the expert agency on development cooperation of the Swedish Government. Dialogue with partner organisations can involve aspects such as the importance of mainstreaming gender; stressing that partners have ensured broad participation in the design and monitoring of a project; and that the communication of a project reaches women, men, girls and boys by making use of different methods." (Sida, 2020, p. 7).

internacional, de modo a buscar uma ordem despatriarcalizadora. Contudo, os instrumentos e as ferramentas mobilizados ainda parecem estar muito relacionados às abordagens hegemônicas da cooperação internacional. A própria descrição da atuação da agência a partir de uma ideia de intervenção já sublinha o paradoxo com as vertentes indicadas. Se é pela via da intervenção, como o diálogo com as organizações parceiras é garantido? Este é um exemplo de pergunta que deveria estar incluído ao verificar a estrutura sob a qual um país assume uma cooperação feminista, objetivando a compreensão sobre os paradoxos e as inconsistências existentes no processo de adjetivação de estruturas hegemônicas. Mais além, é entender como a Sida (2020) atua a partir de uma observação da realidade contextualizada e interseccional de um país terceiro, ou seja, se as perguntas que embasam as mudanças são feitas no sentido de manter a estrutura burocrática da alocação dos recursos da CID tradicional, ou se há um processo crítico com intensão de revisar e elaborar uma gestão de recursos mais cooperativa, e, talvez, mais próxima da perspectiva mobilizada pela economia feminista — a partir de uma relação não hierarquizada entre doador e beneficiário.

> Alcançar a mudança: uma vez que seja claro quais são os desafios e oportunidades (a análise) e que estratégias de integração da perspectiva do género são utilizadas para alcançar mudanças (abordagens), é importante garantir que a mudança esperada seja apoiada por uma alocação adequada de recursos. Podem ser levantadas as seguintes questões: • **Existe um orçamento adequado para a integração de gênero e/ou atividades orientadas para o gênero?** • Que tipo(s) de especialização em gênero é (são) necessária e orçamentada? • Essa experiência está disponível no grupo de trabalho (na organização, no país, internacionalmente)? • **Quem é pago e como?** É aplicado o princípio da remuneração igual por

trabalho igual /trabalho de valor igual? (Sida, 2020, p. 8, tradução e grifos próprios)[81].

O argumento defendido nesta seção é de que, apesar de a cooperação ser válida e importante para o funcionamento do sistema internacional, o princípio da coerência nas burocracias da CID de países como a Suécia, que buscam incluir, ainda que nominalmente, visões intersecionais e valorizar à perspectiva dos beneficiários, está funcionando a partir de uma estrutura burocrática hegemônica da cooperação. Por isso, as perguntas levantadas no parágrafo anterior são importantes para a realização de um projeto de cooperação que se categoriza como feminista.

A partir da economia feminista, analisei o material que selecionei e considero importante sublinhar a latente necessidade de estabelecer um processo efetivo de despatriarcalização das relações de cooperação. É factível que a Suécia apresenta uma estrutura de financiamento da cooperação bilateral por meio de um modelo que é replicado para analisar diferentes contextos de seus parceiros na CID. O documento da Sida (2020) que estabelece essa ajuda aos países receptores já dispõe a fórmula sob a qual a cooperação feminista será articulada — independentemente do parceiro da cooperação. Ademais, os processos de diagnósticos dos países são pautados por uma revisão baseada nas normas internacionais hegemônicas, ao contrário do que uma economia feminista propõe, que é ir mais além dessas normas e promover políticas concretas de redistribuição do cuidado e revisão da lógica capitalista.

A última etapa burocrática da estrutura de cooperação da Sida (2020) é a avaliação. Este processo é utilizado como mecanismo de monitoramento da eficácia do projeto, mas também como

---

[81] No original: "Achieving change Once it is clear what the challenges and opportunities are (the analysis), and what gender mainstreaming strategies are used to reach changes (approaches), it is important to ensure that the expected change is supported by adequate resource allocation. The following issues could be raised: • Is there adequate budgeting for gender integration and/or gender targeted activities? • What type(s) of gender expertise is (are) needed and budgeted for? • Is this expertise available in the work group (in the organisation, in the country, internationally)? • Who are paid and how? Is the equal pay for equal work /work of equal value principle applied?" (Sida, 2020, p. 8).

forma de "aprendizado" a partir das práticas. Essa fase também auxilia na delimitação de atores-chave da CID nos países, que são considerados, principalmente, para que não haja uma duplicação de ações sobre uma mesma temática e/ou população focal.

> Da análise ao monitoramento e avaliação, é importante consultar ou se envolver com os principais atores que trabalham pela igualdade de gênero em um contexto específico. Trata-se provavelmente de organizações de defesa dos direitos das mulheres ou de outras organizações da sociedade civil, mas podem também ser organizações de juventude ou grupos/organizações que representam comunidades e grupos de interesse marginalizados, **instituições financeiras e bancos de desenvolvimento**, organizações privadas e filantrópicas, intervenientes multilaterais e outros doadores. É importante não duplicar, mas trabalhar em complementaridade e em parceria com outros atores. (Sida, 2020, p. 6, tradução e grifos próprios)[82].

Apesar de esse esforço para elaborar um arcabouço metodológico que busque, em alguma medida, demonstrar uma certa preocupação com a não hierarquização dos processos de cooperação, as diferentes instituições e lideranças da cooperação sueca, tradicionalmente, se articulam com atores e organismos hegemônicos do sistema internacional, se isenta da aplicação revisada das normas hegemônicas, ainda que haja um esforço visível por parte da Sida em incluir a temática da interseccionalidade e do contexto local para estruturar a burocracia da CID. Essa realidade fica evidente a partir de uma análise aprofundada sobre o processo de avaliação da integração do *gender mainstreaming* na estrutura da cooperação sueca. De acordo com as normas burocráticas, a integração dessa perspectiva está

---

[82] No original: "From analysis to monitoring and evaluation, it is important to consult or engage with key actors who work for gender equality in a specific context. These will likely be women's rights organisations or other civil society organisations, but may also be youth organisations or groups/organisations representing marginalised communities and interest groups, financial institutions and development banks, private and philanthropic organisations, multilateral actors and other donors. It is important not to duplicate, but work in complementarity and in partnership with other actors." (Sida, 2020, p. 6).

intrinsecamente relacionada à capacidade organizacional, que é avaliada por meio da orientação política, comunicação, sistema, conhecimento e recursos, que é um modelo desenvolvido pela *Nordic Consulting Group*[83] (2015), empresa com a qual a Sida possui um acordo de gerenciamento de quadros de cooperação nas áreas de direitos humanos, democracia e avaliação.

Mais além desse modelo, a gestão de contribuição da cooperação sueca é realizada por meio do Sistema de Gestão (Trac, sigla em inglês), que é a inclusão da igualdade de gênero na avaliação da relevância, dos resultados, dos riscos e do orçamento, além das questões de documentação e avaliação de desempenho. No entanto, o mecanismo mais intrigante utilizado pela Sida para a avaliação de sua cooperação em um contexto de política feminista é o *Gender Equality Policy Marker*, ferramenta da OCDE para medir a capacidade de contribuição de uma política de cooperação na temática de igualdade de gênero.

> **Todas as contribuições da Sida devem ser comparadas com o *Gender Equality Policy Marker*, a fim de acompanhar o progresso no trabalho para a igualdade de gênero.** Este rastreio deve ser aplicado numa fase inicial de uma contribuição e pode ser modificado durante a contribuição, por exemplo, em resultado de uma ênfase reforçada na igualdade entre homens e mulheres. **O *Gender Equality Policy Marker* é usado de acordo com um sistema de pontuação de três pontos. Uma contribuição que tem como principal objetivo a igualdade entre homens e mulheres é marcada como principal (2), e se a igualdade entre homens**

---

[83] A Nordic Consulting Group foi criada na Dinamarca em 1989 e é uma empresa especializada em desenvolvimento internacional. Além do escritório em Copenhague, o grupo NCG consiste em empresas de consultoria independentes na Noruega, Suécia e Uganda. Oferecem representação global, experiência aprofundada e serviços em todo o ciclo do projeto dentro de nossas seis áreas principais de operações, alinhadas aos Objetivos de Desenvolvimento Sustentável de 2030. Descrevem que buscam contribuir para tornar as intervenções de ajuda e desenvolvimento eficazes, e em que circunstâncias, e estão comprometidos com a melhoria contínua e promoção da inovação. Dentre os clientes do grupo NCG estão agências de desenvolvimento bilaterais globais e instituições multilaterais, como a Comissão Europeia, o Banco Mundial, as agências da ONU, os bancos de desenvolvimento regional, os ministérios e as agências nacionais, as ONGs e os clientes do setor privado. Mais informações em: https://www.ncg.dk/

> e mulheres é importante e deliberada, mas não o principal objetivo, é marcada como significativa (1). Uma contribuição que não vise gênero é pontuada com um 0. Este sistema facilita o processo de pontuação, fornecendo uma 'lista de verificação' com critérios mínimos para cada categoria, e através dessas medidas fortalece a comparabilidade e precisão dos dados relatados. (Sida, 2020, p. 7, tradução e grifos próprios)[84].

De acordo com o site oficial da OCDE, esse marcador é uma ferramenta estatística que tem como objetivo o registro da igualdade de gênero enquanto objetivo político dos países. Essa ferramenta é utilizada nos relatórios anuais de atividades de desenvolvimento dos membros do Comitê de Ajuda ao Desenvolvimento (CAD). É um mecanismo de medição de alocação de recursos que "[...] acompanha os fluxos financeiros da Sida que visam a igualdade de gênero. Portanto, é importante garantir que o *Gender Equality Policy Marker* seja usado de maneira coerente e relevante" (Sida, 2020, p. 1, tradução própria).

Além da medição estatística para a prestação de contas ao CAD, a Sida (2020) também informa que os projetos desenvolvidos pela Suécia têm por objetivos a capacitação sobre igualdade de gênero a partir da *Gender Tool Box,* gerando um portfólio para processos relevantes internacionalmente e regionalmente. Essas perspectivas assinaladas indicam, o que já fora mencionado, que há uma articulação mais hegemônica no que tange à revisão burocrática, bem como na tradição do posicionamento do país nórdico na CID. O trabalho quantitativo de prestação de contas com a

---

[84] No original: "All Sida contributions must be screened against the Gender Equality Policy Marker in order to track progress on work for gender equality. This screening should be applied at an early stage of a contribution and can be modified during the course of the contribution, for example as a result of a strengthened focus on gender equality. The Gender Equality Policy Marker is used according to a three-point scoring-system. A contribution which has gender equality as the main objective is marked as principal (2), and if gender equality is an important and deliberate but not the main objective it is marked as significant (1). A contribution which does not target gender is scored with a 0. This scoring system facilitates the scoring process by providing a 'checklist' with minimum criteria for each category, and through these measures strengthens the comparability and accuracy of the data reported." (Sida, 2020, p. 7).

OCDE, e a inclusão direta das normativas da União Europeia sobre coerência de políticas de ajuda ao desenvolvimento, bem como do Comitê Europeu para Igualdade de Gênero, acendem uma luz sobre a ineficiência das tentativas de inclusão de normativas burocráticas contra-hegemônicas na estrutura de cooperação sueca. Outrossim, é argumentar que muito além de oscilar entre normativas burocráticas domésticas esforçadas ao contra-hegemônico, há um paradoxo na estrutura de cooperação que fomenta e reforça os padrões hegemônicos da ajuda ao desenvolvimento por meio de metodologias contra-hegemônicas. As categorias de contextualização e interseccionalidade, neste caso, servem à lógica neoliberal da ordem mundial, não articula uma desneoliberalização nem despatriarcalização das estruturas.

O estabelecimento de uma interlocução entre a igualdade de gênero e as políticas de cooperação voltadas para o combate à pobreza é um reforço de toda a indústria do desenvolvimento que, tradicionalmente, integrou mulheres e questões de gênero em posições passivas. Ainda que em entrevistas atores relevantes da Sida e da *Gender Equality Agency* tenham reforçado que há uma preocupação pela construção de projetos baseados na interseccionalidade e na capacidade dos Estados receptores, o que se pode verificar na realidade normativa é a construção de um discurso burocrático contra-hegemônico, com a manutenção de atores, ferramentas, métricas e metodologias hegemônicas. A medição do CAD não está, necessariamente, preocupada com os impactos nos países receptores, mas, sim, em ranquear os países doadores em um processo de fomento ao *branding* feminista que favorece uma articulação hegemônica no sistema internacional. Contudo, esse processo, assim como tantos outros, contribui apenas para uma manutenção do regime de gênero a partir da assimilação de ideias coletivas e geração de uma coesão social adjetivada, mas sem impactos de revisões estruturais na realidade.

Dessa maneira, apesar de avançar no sentido de definir interseccionalidade e fomentar a inclusão da análise de gênero na cooperação sueca, a estrutura da Sida também reforça padrões da ajuda ao desenvolvimento ao integrar perspectivas hegemônicas da ordem mundial. A conclusão que se pode chegar ao fim desta análise é que não há uma definição sobre a estrutura da cooperação sueca, tendo marcas de contra-hegemonia, mas com forte manutenção de padrões de atuação hegemônica. Há uma oscilação que impede que o feminismo seja posto como política de Estado e mantenha-se como política de governo, assim incapacitado de produzir uma mudança efetiva na estrutura burocrática e uma revisão por completa da tradição de participação no sistema internacional.

Ao observar uma combinação de agência hegemônica com uma estrutura que oscila — com prevalência da hegemonia — cabe agora analisar os impactos nas práticas da CID sueca. É importante decifrar como esses lapsos de contra-hegemonia são capazes de incorporar, de fato, uma lógica não hierarquizada e contextualizada em uma estratégia específica com um país do Sul Global. Somente a partir da compreensão de como os marcadores de gênero bolivianos interagem com a lógica da CID sueca foi possível delimitar se o que a PEF nórdica forneceu ao sistema internacional foi um sistema de cooperação solidária de gênero ou de anticooperação solidária de gênero.

TERCEIRA FASE: ANÁLISE DAS AVALIAÇÕES DAS PRÁTICAS DA ESTRATÉGIA DE COOPERAÇÃO SUÉCIA E BOLÍVIA (2016-2020)

De modo a compreender à medida que há congruência entre as normas da Política Externa Feminista sueca e as práticas de Cooperação Internacional para o Desenvolvimento, foi selecionado como estudo de caso a Estratégia de Cooperação para o Desenvolvimento Suécia e Bolívia (2016-2020). Importante destacar que já existe uma nova estratégia em vigor, que teve início em 2021 e que será mantida até 2025.

Antes de iniciar a análise, é relevante resgatar alguns dos achados da aplicação do modelo analítico ao longo da investigação. Em primeiro lugar, foi elucidado que a liderança normativa da Suécia, mesmo com o anúncio do feminismo como paradigma de política doméstica e externa, é uma liderança hegemônica. Isso foi verificado por meio da análise das normativas institucionais, das ideias institucionais e do processo de assimilação das ideias coletivas pelas instituições suecas — tanto em âmbito doméstico, quanto em âmbito externo. O que favoreceu a compreensão de que, apesar de buscar ferramentas para apresentar uma liderança voltada para ações interseccionais, na essência, o que acontece é uma reprodução do padrão hegemônico da gestão da agenda de gênero, com uma limitada articulação em torno das normativas internacionais e um extremo apoio a uma perspectiva binária de gênero.

Ademais, no que tange à estrutura da CID do país nórdico, foi possível verificar que houve uma tentativa de revisão da estrutura histórica, mas que não foi aprofundada a ponto de questionar os métodos de implementação e análise da CID, bem como os objetivos da cooperação com os países parceiros. O que levou a um entendimento de que a Suécia tem uma estrutura que oscila, ainda assim apresentando mais características hegemônicas do que contra-hegemônicas. Essa percepção é evidenciada pela análise feita nas primeiras seções da Parte IV sobre as relações bilaterais da Suécia com a Bolívia ao longo do tempo.

As missões pentecostais suecas de fato não levam o nome da administração pública do país nórdico, mas, ainda assim, revelam uma agência social e de atores institucionais de relevância doméstica que atua por meio da anticooperação simbólica. Não houve uma ocupação do território boliviano pelo Estado sueco, mas as ações de evangelização de grupos pentecostais em território indígena configuram um processo de colonialismo que se estendeu na colonialidade do poder. Essa trajetória do trabalho religioso com organizações e governos locais para a promoção de ações sociais reverbera ainda atualmente na estrutura da CID sueca, uma vez que a única organização social sueca presente, em 2023, em território boliviano é a Diakonia, que tem origem religiosa.

Tendo em vista todos esses aportes, o objetivo a seguir é analisar o documento do Termo de Referência da Estratégia de Cooperação Internacional Suécia Bolívia (2016-2020), de modo a delimitar os objetivos da cooperação e, posteriormente, os relatórios de avaliação redigidos por avaliadores externos, mas com financiamento da Sida.

POLÍTICA EXTERNA FEMINISTA COMO BRANDING GOVERNISTA:
HÁ CONGRUÊNCIA ENTRE NORMAS INSTITUCIONAIS E PRÁTICAS DE COOPERAÇÃO?

Nesse escopo, serão analisados dois relatórios: um que apresenta os resultados e recomendações da Estratégia Suécia Bolívia, levada a cabo pela embaixada sueca na Bolívia, e o documento de avaliação da atuação da Diakonia com a sociedade civil boliviana a partir do projeto *Support civil society for the fulfilment of human rights, gender equality, and social and economic justice* (2017-2020).

Análise das práticas de cooperação sueca por meio da Embaixada sueca em La Paz

No ano de 2013, a Suécia suspendeu a cooperação bilateral com o governo boliviano. Assim, a Estratégia sueca de Cooperação com a Bolívia (2016-2020) – que será denominada Estratégia 2016-2020 de agora em diante – foi o primeiro passo de retomada das relações, entretanto, com um enfoque muito mais voltado para a articulação com ONGs bolivianas e atores sociais suecos presentes em território andino. Um dos braços direitos do governo sueco nesse período de ausência de representação formal no país andino foi a ONU, por meio das suas agências em território boliviano que canalizaram o investimento da cooperação sueca – considerando que a Suécia é o maior doador da ONU em termos de CID para Bolívia. De acordo com o relatório de avaliação, a retomada da cooperação com a Bolívia foi feita com um orçamento reduzido, se comparado às Estratégias anteriores. E a embaixada da Suécia iniciou um processo de contratação de novos servidores para dar seguimento às articulações.

Assim, a Sida e o Ministério de Relações Exteriores sueco solicitaram à embaixada que a Estratégia 2016-2020 tivesse um caráter transitório do enfoque de Ajuda ao Desenvolvimento para uma cooperação focada em uma perspectiva mais ampla de acordos comerciais (Schensen *et al.*, 2020).

> [...] a Embaixada foi solicitada pelo MFA [Swedish Ministry of Foreign Affairs] **para incluir um foco maior nas relações mais amplas no período da Estratégia 2016-2020.** Inicialmente, foi um desafio para a Embaixada entender e operacionalizar plenamente esse novo conceito, **que pretendia**

> combinar, p. ex., a orientação para a pobreza com
> as relações comerciais sueco-bolivianas dentro das
> mesmas contribuições. No entanto, a Embaixada
> gradualmente introduziu avaliações mais sistemá-
> ticas de novas contribuições com vista a combinar
> essas perspectivas duplas. Sida também encarre-
> gou a Embaixada em La Paz de pilotar o MDPA
> [Multidimensional Poverty Analysis]. O MDPA foi
> desenvolvido como parte da Swedish Poverty ToolBox
> (lançada em maio de 2017) como resposta à Agenda
> 2030, e identifica quatro dimensões da pobreza[...]
> (Schensen *et al.*, p. 11, tradução e grifos próprios)[85].

Dessa forma, é evidente que aquelas ferramentas tradicionalmente criticadas pelos feminismos pós-coloniais, indicadas nesta
investigação como característica do exercício de uma relação hegemônica na CID, não só foram base para a implementação da Estratégia
2016-2020 como também fizeram desse acordo de cooperação o
projeto piloto do uso da ferramenta, aprovada em 2017. A questão
aqui é indicar que, ademais da descrição sobre os resultados práticos
da CID sueca, observa-se a metodologia aplicada para as articulações.
Já que, ainda que as narrativas sobre as práticas elucidem avaliações
positivas de cumprimento do plano e/ou cumprimento parcial, dadas
as condições políticas bolivianas e o começo da pandemia da Covid-
19, a estrutura sob a qual a Suécia institucionalizou a Estratégia
2016-2020 é que vai apontar se foi realizada cooperação solidária de
gênero ou anticooperação solidária de gênero. Afinal, como verificado
anteriormente, as narrativas sobre as normas comumente mobilizam
um aspecto ou outro da contra-hegemonia, gerando uma imagem
focada somente nos impactos de cooperação.

Acredito que uma análise limitada aos resultados revelaria
uma cooperação solidária de gênero por parte da Suécia, contudo

---

[85] No original: "[...] the Embassy was requested by the MFA [Swedish Ministry of Foreign Affairs] to
include an increased focus on Broader Relations in the 2016-2020 Strategy period. Initially, it was a
challenge for the Embassy to fully understand and operationalise this new concept, which intended to
combine e.g. poverty orientation with Swedish-Bolivian trade relations within the same Contributions.
However, the Embassy gradually introduced more systematic assessments of new Contributions with
a view to combining these dual perspectives. Sida also tasked the Embassy in La Paz to pilot the MDPA.
The MDPA was developed as part of the Swedish Poverty ToolBox (launched in May 2017) as a response
to the 2030 Agenda, and it identifies four dimensions of poverty [...]" (Schensen *et al.*, 2020, p. 11).

deixaria de fora a estrutura da CID sueca na Estratégia 2016-2020. Por isso, recomendo a verificação do relatório de avaliação, porque é onde está explícita a trajetória de implementação do projeto. O que se pode perceber até o momento é a implementação da metodologia de *gender mainstreaming* somada a *Poverty Tool Box*.

O conceito de anticooperação solidária de gênero é justamente o processo simbólico da articulação do Estado doador com atores do Estado receptor. Está no processo de internacionalização das ideias intersubjetivas do doador para a burocracia e para o tecido social do receptor. Apesar de indicar no Termo de Referência que incluiria os valores do PND boliviano, a avaliação da Estratégia 2016-2020 revela, em todas as seções, um processo de inclusão da perspectiva metodológica sueca. Além de estabelecer importantes críticas ao governo local, além de utilizar conceitos e índices do Norte para medir a realidade boliviana, a Suécia atua com parceiros locais que ou são parte daquele grupo de ONGs feministas criticadas por Paredes (2012) ou organizações internacionais com sede na Bolívia.

A Suécia argumenta em torno de uma virada na lógica da AOD com a Bolívia, sublinhando a busca por ampliar a parceria que se dá no âmbito do incremento de relações com atores locais, uma narrativa que se garante no papel que o país nórdico exerce como principal doador da CID boliviana (Schensen *et al.*, 2020). A Suécia e seus avaliadores externos indicaram que o governo de Morales não exerceu impactos significativos na erradicação da pobreza, e colocaram a Estratégia 2016-2020 como um mecanismo para ocupar o espaço deixado pelo governo local. Contudo, essa Estratégia também não pareceu ter alcançado os efeitos esperados.

A narrativa em torno de um enaltecimento da importância da CID sueca pode ser lida como uma estratégia de geração de dependência dos atores locais bolivianos e uma articulação para responsabilizar o então governo pela saída de outros doadores do Norte. Não há menção ao papel dos parceiros de cooperação do Sul, dando maior relevância aos países da UE e a ONU, reforçando, assim, um discurso de que o fortalecimento e a necessidade da CID sueca se fazem cada vez mais latentes para o combate à pobreza na Bolívia. A seguir são listados alguns trechos do relatório de avaliação nos quais tal perspectiva pode ser observada:

> A avaliação da complementaridade e da ausência de duplicação com programas de outros doadores confirmou que a **Sida é um dos poucos doadores bilaterais que restam na Bolívia, o que poderia permitir uma coordenação mais fácil das intervenções entre as organizações da ONU** [...] o planejamento urbano é um bom exemplo de uma área onde a **Suécia tem sido quase exclusivamente engajada** [...] similarmente, **dentro da área de direitos humanos há poucos doadores,** e a priorização sueca de áreas sensíveis como aborto e direitos das lésbicas, gays, bissexuais e transgêneros (LGBT+) [...] até 2016, **a Suécia era o doador mais importante no setor da educação,** e o objetivo do apoio ao UNICEF era apoiar continuamente o Ministério da Educação, ainda que indiretamente. [...] além disso, **sendo um dos poucos países que restam na Bolívia, a Suécia tornou-se uma influência muito importante, com o potencial de desafiar formas tradicionais de organizar e planejar intervenções dentro e entre setores através de novas e inovadoras abordagens.** (Schensen *et al.*, 2020, p. 29; 36;61, tradução e grifos próprios)[86].

De acordo com o Termo de Referência da Estratégia, fornecido pela embaixada sueca em La Paz via e-mail, o objetivo da Estratégia foi contribuir com a melhora do meio ambiente e o uso sustentável dos recursos naturais, a redução do impacto climático,

---

[86] No original: 'The assessment of complementarity and absence of duplication with programmes of other donors has confirmed that Sida is one of few bilateral donors left in Bolivia, which could allow for easier coordination of interventions across UN organisations and with other donors [...] Urban planning is a good example of an area where Sweden has been almost solely engaged [...] Similarly, within the human rights area there are few donors, and the Swedish prioritization of sensitive areas such as abortion and rights of the lesbian, gay, bisexual and transgender (LGBT+) community have also been highlighted as a specific Swedish added value [...] Until 2016 Sweden was the most important donor in the education sector, and the purpose of the support provided to UNICEF was to continuously support the Ministry of Education, albeit indirectly. [...] In addition, being one of a few donors left in Bolivia, Sweden has become a very important influence, with the potential to challenge traditional ways of organising and planning interventions within and across sectors through new and innovative approaches." (Schensen *et al.*, 2020, p. 29;31;61).

o desenvolvimento democrático e as possibilidades de sustento para as pessoas em situação de pobreza (Embajada de Suecia, 2016)[87]. Além do objetivo centrado na perspectiva da Agenda 2030, o documento ressalta a importância de basear as ações nos conceitos de **eficácia e coerência**, estabelecidos no sistema internacional.

> Como ponto de partida, a cooperação sueca para o desenvolvimento com a Bolívia deve caracterizar-se por uma perspectiva de **direitos e da perspectiva dos pobres** [...] A cooperação para o desenvolvimento deve integrar a **sustentabilidade do ambiente, a igualdade de gênero e o desenvolvimento pacífico e democrático** [...] Os princípios de **eficácia da cooperação** para o desenvolvimento acordados internacionalmente devem ser aplicados na cooperação sueca com a Bolívia e adaptados ao contexto específico. A principal responsabilidade pelo desenvolvimento de um país é dos governos dos países parceiros e de outros intervenientes nacionais [...] A **Suécia trabalhará para uma coordenação coerente e eficaz da cooperação no país, nomeadamente através de uma participação ativa na coordenação da programação conjunta da UE.** (Embajada de Suecia, 2016, p. 3, tradução e grifos próprios)[88].

Esse tema da coerência e da eficácia pode ser explorado um pouco a partir do principal objetivo da CID sueca na Bolívia, que é a questão relacionada à proteção do meio ambiente. Em 2009, a Constituição boliviana passou a legislar também sobre o direito

---

[87] Documento disponibilizado pela Embaixada da Suécia na Bolívia, via e-mail, em 16 de março de 2020.

[88] No original: "Como punto de partida la cooperación sueca para el desarrollo con Bolivia debe caracterizarse por una perspectiva de derechos y de la perspectiva de los pobres [...] La cooperación para el desarrollo tiene que integrar la sostenibilidad del medio ambiente, la igualdad de género y el desarrollo pacífico y democrático [...] Los principios de eficacia de la cooperación para el desarrollo acordados internacionalmente deben aplicarse en la cooperación sueca con Bolivia y estar adaptados al contexto específico. La responsabilidad principal para el desarrollo de un país es de los gobiernos de los propios países socios y otros actores nacionales [...] Suecia va a trabajar para una coordinación de cooperación coherente y eficaz en el país, en particular mediante una participación activa en la coordinación de la programación en conjunta de la UE." (Embajada de Suecia, 2016, p. 3).

à natureza. O Artigo 33 define o direito ao meio ambiente preservado para essa geração e as futuras, e o Artigo 186 criou o Tribunal Agroambiental. A relação cultural boliviana com a Mãe Terra é evidenciada no preâmbulo da nova Constituição, no sentido de marcar a ancestralidade e a perspectiva de um Estado plurinacional e de trajetória histórica indígena, "[...] povoamos esta sagrada Mãe Terra com rostos diferentes, e compreendemos desde então a pluralidade vigente de todas as coisas e nossa diversidade como seres e culturas. Assim conformamos os nossos povos, e jamais compreendemos o racismo até o sofrermos desde os funestos tempos da colônia [...]" (Bolivia, 2009, p. 1, tradução própria)[89].

Por outro lado, as ações suecas nessa agenda estão todas pautadas na cooperação com organizações internacionais como a WWF, *Swisscontact* e FAO. Nenhuma das propostas mobiliza a questão da ancestralidade e do modo de vida localizado, ao contrário, a página da Sida que descreve essa cooperação indica que a Bolívia é um dos países que mais desmata no mundo e possui uma agricultura ineficiente e vulnerável ao impacto das mudanças climáticas (Sida, 2022). Tendo em vista tais proposições internacionais, a Suécia mobiliza o contexto boliviano para justificar, como em todo Termo de Referência, a necessidade da cooperação. Apesar de sublinhar que o governo de Evo Morales avançou na concessão de direitos à população indígena e aos mais pobres, o TdR sublinha que ainda há importante parcela da população urbana (40%) e da população rural (60%) em condições de pobreza. Também acrescenta que a forma como o governo Executivo é conduzido se torna fator responsável pelos limitados avanços realizados desde 2006, como no

---

[89] No original: "En tiempos inmemoriales se erigieron montañas, se desplazaron ríos, se formaron lagos. Nuestra amazonia, nuestro chaco, nuestro altiplano y nuestros llanos y valles se cubrieron de verdores y flores. Poblamos esta sagrada Madre Tierra con rostros diferentes, y comprendimos desde entonces la pluralidad vigente de todas las cosas y nuestra diversidad como seres y culturas. Así conformamos nuestros pueblos, y jamás comprendimos el racismo hasta que lo sufrimos desde los funestos tiempos de la colonia. El pueblo boliviano, de composición plural, desde la profundidad de la historia, inspirado en las luchas del pasado, en la sublevación indígena anticolonial, en la independencia, en las luchas populares de liberación, en las marchas indígenas, sociales y sindicales, en las guerras del agua y de octubre, en las luchas por la tierra y territorio, y con la memoria de nuestros mártires, construimos un nuevo Estado." (Bolívia, 2009, p. 1).

trecho "[...] **apesar de alguns progressos, o respeito pelos direitos humanos continua a ser deficiente.** Particularmente os direitos humanos das **mulheres, meninas, meninos e a situação dos povos indígena**, que são seriamente negligenciados." (Embajada de Suecia, 2016, p. 2, tradução e grifos próprios)[90]

Além dessa crítica direta ao governo de Evo Morales, que pode ser percebida também em entrevista com representantes da embaixada sueca em La Paz, a Estratégia de cooperação com a Bolívia estabeleceu como objetivo a eliminação da pobreza, a atuação a partir do reforço dos direitos das meninas e mulheres e do desenvolvimento sustentável. Assim, as áreas temáticas nas quais os 42 projetos iniciados nesse período foram distribuídos são: a) fortalecimento da democracia, igualdade de gênero e maior respeito aos direitos humanos; b) melhora do meio ambiente, com redução do impacto climático e o fortalecimento da resiliência às mudanças climáticas e aos desastres naturais; e c) melhora das oportunidades e ferramentas para as pessoas pobres impulsionarem suas condições de vida.

Ao todo, a página oficial da Sida informa que foram investidos 750 milhões de coroas suecas ao longo dos cinco anos. No que tange especificamente aos projetos direcionados à igualdade de gênero, sete foram com a Diakonia, Unicef, Governo Nacional da Bolívia, governos locais, Alto Comissariado da ONU para Direitos Humanos, *International IDEA, Fundación Unir*, UNODC e Fautapo

---

[90] No original: "[...] se puede afirmar que muchas personas han salido del estado de pobreza desde 2006, año en que Evo Morales se asumió a la presidencia. Bolivia ha tenido un desarrollo económico positivo en la última década y se ha convertido en un país de renta media baja. El país ha logrado alcanzar los Objetivos del Milenio para reducir el hambre y la pobreza a la mitad [...] Se estima que gran parte de los niños están expuestos al trabajo, y muchos de estos están expuestos a trabajos dañinos. El gobierno de Bolivia recientemente ha bajado la edad mínima para trabajo que impide la escolarización de los niños y expone a estos a la explotación y abuso [...] La capacidad y las habilidades en la administración pública es baja. Una de las razones es el cambio frecuente de personal y de asignaciones políticos. La Constitución establece que debe haber separación de poderes entre el poder legislativo, judicial y ejecutivo, pero este último se ha convertido cada vez más dominante [...] A pesar de algunos avances, el respeto a los derechos humanos sigue siendo deficiente. Particularmente los derechos humanos de las mujeres, niñas, niños y la situación de los pueblos indígenas se ven seriamente desatendidos." (Embajada de Suecia, 2016, p. 2.).

como contrapartes executoras. No que tange às partes beneficiárias, pode-se identificar *Coordinadora de la Mujer, Comunidad de Derechos Humanos*, Unitas, Adesproc, Cadic, *Capítulo Boliviano de Derechos Humanos, Cecopi, Colectivo Rebeldía, Centro Gregoria Apaza* e Cipca. O relatório de avaliação indica outros parceiros, a partir das áreas de articulação. Dos 13 parceiros listados no documento de avaliação, apenas quatro são de nacionalidade boliviana, um de outra nacionalidade latino-americana e sete são organismos internacionais e/ou países europeus, além da própria Suécia. Essa realidade gera, mais uma vez, um paradoxo com a perspectiva contra-hegemônica da estrutura da CID sueca que indicava uma priorização do trabalho com atores locais a partir da perspectiva de contextualização. Na realidade, fica clara a sobreposição da estrutura hegemônica na CID do país nórdico ao ter os atores locais mais no papel de beneficiários do que no de parceiros implementadores. Mais além, a perspectiva estrutural hegemônica está também evidenciada na delimitação da visão de atuação sobre a qual a Estratégia 2016-2020 está baseada, denominada *perspectiva dos pobres*, que "[...] significa que a situação, necessidades, circunstâncias e prioridades das mulheres pobres, mulheres e crianças, devem ser o ponto de partida para a redução da pobreza, bem como a promoção do desenvolvimento equitativa e sustentável." (Embajada de Suécia, 2016, p. 3, tradução própria)[91].

Outro aspecto do documento de avaliação da Estratégia 2016-2020 que reforça a perspectiva economicista do combate à pobreza é a metodologia que é apresentada no relatório a partir da estrutura hegemônica internacional da CID. Em primeiro lugar, os avaliadores utilizaram marcadores e indicadores externos para medir a eficiência e a eficácia dos projetos, considerando "[...] a gama completa de critérios de avaliação OCDE-CAD [...] aplicada na avaliação (i.e. relevância, eficiência, eficácia, impacto, susten-

---

[91] No original: "Las perspectivas de los pobres en el desarrollo significa que la situación, necesidades, circunstancias y prioridades de las mujeres pobres, mujeres y niños, deben ser el punto de partida para la reducción de la pobreza, así mismo la promoción del desarrollo equitativo y sostenible." (Embajada de Suécia, 2016, p. 3).

tabilidade e coerência) [...] a abordagem geral para coleta de dados e análise tem sido base teórica, usando métodos mistos, combinando análise quantitativa de dados com métodos qualitativos [...]" (Schensen *et al.*, 2020, p. 13. Tradução própria)[92]. Além desses métodos, a *Gender ToolBox* foi mobilizada para analisar os impactos das ações relacionadas ao combate à violência baseada em gênero – como previsto pelas instruções da agência de cooperação sueca. A busca por aplicar metodologias internacionais na condução e avaliação da Estratégia 2016-2020 remete diretamente à crítica feita à indústria do desenvolvimento e ao processo de cooptação das ideias coletivas por parte de ideias intersubjetivas para gerar uma perspectiva coletiva em torno de uma estrutura hegemônica. As perspectivas dos coletivos e ONGs locais são assimiladas como demandas da CID que é realizada, majoritariamente, com intermediação de organizações suecas, europeias e o sistema ONU.

O que se pode extrair da análise dos principais pontos de referência da avaliação da Estratégia 2016-2020 é que a atuação da Sida, por meio da embaixada em La Paz, foi configurada muito mais no sentido de introduzir a liderança normativa hegemônica na estrutura burocrática de CID da Suécia, do que uma articulação horizontal com organizações e atores locais. Os indícios de anticooperação solidária de gênero estão nas narrativas que buscam fortalecer o fato de que a Suécia é o principal ator de AOD no país, a partir de uma reificação do imaginário social em torno da necessidade de o país manter ativos os canais de cooperação com tal país e suas agências, e como a ausência de cooperação ao longo de três anos foi prejudicial para a população boliviana. Ou seja, criando, ainda que simbolicamente, uma tensão entre as perspectivas defendidas pela proposta de parâmetros para a CID desenhadas pelo governo nacional, e as capacidades materiais que a CID sueca – dentro de seus próprios parâmetros – teriam para contribuir. Além disso, o fortalecimento da cooperação bilateral

---

[92] No original: "The full range of OECD-DAC evaluation criteria will be applied in the evaluation (i.e. relevance, efficiency, effectiveness, impact, sustainability and coherence) [...] The overall approach to data collection and analysis has been theory-based, using a mixed-methods approach, combining quantitative data analysis with qualitative methods [...]" (Schensen *et al.*, 2020, p. 13).

sem a intermediação do Estado boliviano gera uma nova modalidade de dependência das ONGs bolivianas com a Suécia. A lógica da AOD das décadas de 1980 e 1990 se repete nesse imaginário simbólico construído no *branding* da CID na Bolívia.

Tendo em vista os aspectos levantados nessa seção, entendo que a Estratégia 2016-2020 produziu muitos efeitos de anticooperação solidária de gênero, uma vez que manteve a estrutura hierarquizada da relação Norte-Sul, incentivou a intermediação do sistema internacional na cooperação com o Estado boliviano e gerou, em certa medida, uma dependência das doações oriundas do país nórdico, a partir de uma narrativa de desvalorização do governo nacional local. Posso dizer que favoreceu uma sobrecarga no sistema de gênero boliviano, no sentido em que privilegia determinadas ONGs, fomentando uma divisão interna em uma sociedade que já vinha passando por processos políticos e sociais complexificados pelos arranjos políticos locais.

A questão determinante para entender que há um sistema de anticooperação solidária de gênero é a baixa integração de atores da sociedade civil local nos projetos como implementadores. Esse ponto é levantado, inclusive, nas recomendações dos avaliadores externos. "É necessário que a Embaixada repense a forma mais tradicional de apoiar o meio ambiente das Organizações da Sociedade Civil na Bolívia [...] com vistas a facilitar e incentivar mais espaço e participação de redes informais e movimentos sociais menores." (Schensen *et al.*, 2020, p. 63. Tradução própria)[93]. Esse padrão de CID da Suécia se manifesta por meio de outros tipos de anticooperação, não apenas a solidária de gênero, mas também do sistema financeiro e de mercados. Contudo, é, principalmente, simbólica, realizada pelo poder brando que convence a população da imprescindibilidade da AOD sueca. Apesar de a CID ser descrita como horizontal, na realidade é estabelecida com vistas a um poder

---

[93] No original: "There is a need for the Embassy to rethink the more traditional way of supporting the CSO environment in Bolivia [...] with a particular view to facilitating and encouraging more space for and participation of smaller, informal networks and social movements." (Schensen *et al.*, 2020, p. 63).

geoestratégico. Também não contribui para a perspectiva do *Buen Vivir* da cooperação solidária de gênero, baseada na perspectiva do feminismo comunitário, na qual a identidade de gênero tem importância e há uma busca prática pela desneoliberalização, descolonização e despatriarcalização do sistema de cooperação da atual ordem mundial. O que não pôde ser visto, inclusive, nas prerrogativas articuladas pelo governo de Morales, de onde resulta boa parte das críticas.

Análise das práticas de cooperação sueca por meio da Diakonia

Não é pertinente realizar uma análise completa das práticas da CID sueca sem considerar o papel desempenhado pela Diakonia. Tendo em vista que as questões políticas enfrentadas pelo MAS e o arrefecimento das leis para o controle dos trabalhos das ONGs resultaram na saída de muitas organizações internacionais na Bolívia, o papel desempenhado pela Diakonia ganhou maior relevância. A verdade é que a atuação de organizações internacionais em países do Sul não é vista como negativa desde que estabeleça trabalhos coletivos, consultivos e horizontais com os atores e governos locais. É imprescindível sublinhar que a CID tem a sua validade no sistema internacional, contudo, a estrutura hegemônica sob a qual foi fundada não tem disponibilidade para uma revisão da estrutura histórica e das mudanças nos padrões de colonialidade da cooperação internacional.

No que tange à Estratégia 2016-2020, um dos principais fatores para indicar práticas de anticooperação foi a baixa participação e o limitado incentivo à participação de organizações da sociedade civil boliviana, por isso se faz tão importante compreender como o trabalho desempenhado pela Diakonia articula essa questão tão cara a uma perspectiva de cooperação contra-hegemônica. A cooperação da Diakonia, diferentemente da Embaixada sueca, é estabelecida diretamente com ONGs bolivianas. A instituição sueca provê os fundos de financiamento diretamente a essas organizações que, por sua vez, submetem projetos específicos que são selecionadas a partir da tradição do trabalho social na Bolívia. Outra característica é que o trabalho da Diakonia está descrito como diretamente relacionado às questões étnicas e de gênero (Homberg; Pacheco; Dockweiler, 2021).

A estratégia de *Support civil society for the fulfillment of human rights, gender equality, and social and economic justice to 'Live well' in Bolivia (2017-2020)* foi desenvolvida para dar apoio financeiro às organizações da sociedade civil boliviana, denominadas plataformas, majoritariamente em La Paz e Santa Cruz. Foi voltada para impulsionar o exercício social, econômico, cultural, direito à terra, direitos reprodutivos e sexuais e o direito a uma vida livre de violência. A população objetivo dessa estratégia foram mulheres, indígenas, afrodescendentes, lésbicas, gays, bissexuais e trans (Homberg; Pacheco; Dockweiler, 2021).

Foram estabelecidos objetivos a curto, médio e longo prazo. A curto e longo prazo, a Diakonia indicou a necessidade de mudança na justiça social do Estado boliviano, de modo a reconhecer a diversidade da população e garantir o exercício dos direitos humanos de todos e todas. Ademais, a prioridade do estabelecimento de uma vida livre de violência baseada no gênero. Enquanto a médio prazo, a proposta é que sejam reforçados o exercício dos direitos econômicos, sociais, culturais e políticos a partir do enfoque em direitos territoriais, direitos humanos e o direito a uma vida livre de violência (Homberg; Pacheco; Dockweiler, 2021). Apesar de um enfoque maior na articulação das ONGs locais, essa estratégia está vinculada à Estratégia 2016-2020 e à CID bilateral do Estado sueco.

As organizações parceiras já foram beneficiadas anteriormente por fundos da Diakonia e da Sida. O documento faz uma apresentação dos atores sociais a partir de uma classificação da União Europeia sobre o nível de articulação política das organizações da sociedade civil. De acordo com a metodologia do bloco europeu, as organizações podem ser classificadas de quatro maneiras: a) alinhadas com as políticas públicas e o posicionamento do governo (alinhada); b) condicionadas a programas e políticas nacionais ou subnacionais (condicionadas); c) novas organizações sociais e movimentos sociais enfocados em questões específicas e sem problemas para adaptação ao quadro político (adaptável) e por fim; d) organizações críticas, que questionam as políticas públicas e o quadro político (crítica/resistente) (Homberg; Pacheco; Dockweiler, 2021).

A diferença desse programa da Diakonia, em relação à proposta da embaixada sueca, é que também indica uma atuação voltada para temas que não limitam a questão de gênero ao binário homem x mulher, como descrito na avaliação, uma vez que "o programa mostrou ter uma boa abordagem inclusiva, representando diferentes partes da sociedade civil, diferentes tradições e posições feministas e incluindo questões contestadas, como aborto e direitos LGBTQI" (Homberg; Pacheco; Dockweiler, 2021, p. 30, tradução própria)[94]. Mas, apesar disso, foi identificado que a maioria das organizações bolivianas assumem uma perspectiva de gênero baseada na diversidade, não na interseccionalidade. Isso gera uma compreensão de que a ideologia feminista abordada pelo governo sueco não é integrada no projeto e, mais além, a Diakonia também implementa uma caixa de ferramentas própria, baseada no *gender maisntreaming*, que tão pouco estabelece uma identificação por parte dos sócios locais no sentido de impactar em uma transformação.

Esta breve análise sobre a Diakonia revelou uma questão inesperada para essa pesquisa. Eu previa que as ações marcadamente de cooperação solidária de gênero seriam estabelecidas no escopo da Estratégia 2016-2020, por parte da Sida e da embaixada. A hipótese surgiu ao longo da pesquisa das normas institucionais,

---

[94] No original: "The program was found to have a good inclusive approach, representing different parts of civil society, different feminist traditions and positions, and by including contested issues such as abortion and LGBTQI rights" (Homberg; Pacheco; Dockweiler, 2021, p. 30).

mas, principalmente, das entrevistas realizadas com representantes da embaixada e da Sida. E, por outro lado, dada a evidente tradição cristã na formação da Diakonia e a experiência indigenista dos pentecostais suecos, eu acreditava que iria identificar mais aspectos da anticooperação nos projetos da Diakonia.

No entanto, o que pude constatar é que a Suécia tem um resultado de CID que oscila entre cooperação solidária de gênero e anticooperação solidária de gênero. Isso porque a atuação da Diakonia está integrada à Estratégia 2016-2020, tornando-se, assim, parte da CID sueca no país latino-americano. Os aspectos da cooperação solidária de gênero da Diakonia estão identificados, majoritariamente, naquela cooperação realizada pelo efeito da pressão cidadão (Llistar, 2009), no sentido em que não tem um objetivo puramente egoísta, dada a influência da sociedade civil organizada boliviana, que possui uma certa capacidade de agência na interlocução com a Diakonia.

Por outro lado, no caso da embaixada, observei uma anticooperação mais voltada para interesses governistas, a partir da manutenção de uma imagem internacional. Em uma promoção da Estratégia bilateral com a Bolívia, a Suécia pareceu seguir muito mais pelo caminho da publicidade de uma marca, *branding* feminista, atuando em projetos que poderiam ser divulgados e indicar a importância da CID nórdica. De maneira visual e mais didática, apresento o resultado dessa pesquisa a partir da análise da congruência entre as normas institucionais da política externa feminista sueca e a avaliação da política de cooperação internacional para o desenvolvimento com a Bolívia.

Figura 3 – Cooperação da PEF sueca na Estratégia com a Bolívia (2016-2022)

CID SUECA NA BOLÍVIA 2016-2022

Agência:
Liderança Normativa Hegemônica

Definição de gênero a partir do binário homem x mulher, por meio da internacionalização da igualdade de gênero do Estado de Bem-Estar Social Democrata

Inclusão superficial da perspectiva de interseccionalidade, e reprodução de métricas hegemônicas do CACD/OCDE para delimitar o conceito de igualdade de gênero

Inclusão superficial do "R" de realidade dos países com os quais a Suécia estabelece relações de cooperação

Estrutura:
Oscilação entre Hegemonia e Contra-Hegemonia

Manutenção da estrutura hegemônica com assimilação do gender mainstreaming, gender tool box, gender equality marker e Multidimensional Poverty Analysis (MDPA)

Elementos de revisão contra-hegemônica da estrutura com a inserção narrativa sobre interseccionalidade nos projetos da Sida, e disponibilidade para adoção da PEF como paradigma da CID

Práticas:
Cooperação e Anticooperação Solidária de Gênero

Anticooperação por parte da Embaixada: reforço do imaginário social em torno da dependência boliviana ao sistema de AOD, aplicação de metodologias externas para a avaliação da Estratégia de CID 2016-2020, e assimilação das demandas das organizações locais sem a participação social na elaboração do projeto.

Cooperação por parte da Diakonia: avança na participação social, a partir de financiamento de projetos enviados por organizações locais e apresenta uma definição mais diversificada do conceito de igualdade de gênero, considerando elementos como sexualidade e etnia.

Fonte: a autora

A aplicação dessa análise no caso da PEF revela que o Estado nórdico possui uma agência hegemônica, que oscila entre atuar em prol e reforçar a estrutura hegemônica e a elaboração de normas que podem ser vistas com um sentido de contra-hegemônica. O que se pretende apontar é que as lideranças normativas suecas reproduzem totalmente a perspectiva de gênero na ordem mundial, nesse caso, há uma aproximação com a igualdade de gênero, e, não tanto com o feminismo. O que evidencia a contrariedade de nomear o governo social-democrata de feminista. Entende-se que o foco é na manutenção da perspectiva de Estado amigo das mulheres, até porque o próprio conceito de gênero não é questionado. Além disso, no caso das estruturas da CID, é possível evidenciar um esforço de integração revisionista dos feminismos interseccionais, contudo, não se expressa de maneira contundente em uma disponibilidade concreta de revisão da estrutura histórica. Nesse sentido, a combinação de uma agência hegemônica e a estrutura da CID que oscila resulta, consequentemente, em práticas que oscilam e que, em certa medida, reforçam a amizade do Estado nórdico com o *gender mainstreaming*.

Esse caso é observado no paradoxo do trabalho realizado pela Embaixada sueca na Bolívia em correlação com a atuação da Diakonia. O que se pode argumentar é que a Sida, por meio da embaixada, tende a realizar uma anticooperação solidária de gênero no sentido que reforça os métodos e os simbolismos da Ajuda ao Desenvolvimento em suas normativas e nas avaliações da cooperação. Por outro lado, a Diakonia, apesar de seu caráter religioso, apresenta uma avaliação das práticas muito mais abrangente e integradora ao buscar pela cooperação solidária de gênero na pretensão de estabelecer relações com organizações locais — ainda que muito pautadas na perspectiva das ONGs feministas. O que se entende que dilui mais a ideia de internacionalização da política de igualdade de gênero sueca do que no caso da Embaixada. Apesar disso, é importante reconhecer que a CID sueca na Bolívia tem constante oscilação de resultados, não podendo, nem no caso da Diakonia, argumentar que é completamente cooperação solidária de gênero porque a estrutura histórica se mantém.

O que se busca evidenciar é que essas características pontuais de contra-hegemonia não fizeram com que a Suécia desenvolvesse uma política externa feminista contra-hegemônica. Ao contrário, o país se pautou estritamente na reprodução das normas internacionais que sustentam a ordem mundial para o desenvolvimento de uma política feminista que não teve capacidade de despatriarcalaizar, descolonizar nem desneoliberalizar a estrutura da cooperação internacional para o desenvolvimento. Isso se confirma com a eleição do novo governo, em 2022, que retirou a adjetivação de feminista da política doméstica e externa da Suécia, limitando-se a cumprir a *gender equality*, uma vez que já fora estabelecida uma coesão social doméstica e externa do papel do Estado sueco nesse tema. Dado o reconhecimento de que a PEF da Suécia foi hegemônica, e oscilou entre resultados de cooperação e anticooperação solidária de gênero, é importante ressaltar a validez desse trabalho ao elaborar um método feminista e solidário para a análise da temática desde a América Latina.

REFERÊNCIAS

ADOLPHSEN, Manuel. **Branding in election campaings**: just a buzzword or a new quality of political communication? 2009. Dissertação (Mestrado em Política e Comunicação) – Department of Media and Comunications, London School of Economics and Political Science, London, 2009.

AFP. UE nega ter participado de 'conspiração' contra Evo Morales em 2019. **Estado de Minas Internacional**, [*s. l.*], 5 ago. 2021. Disponível em: https://www.em.com.br/app/noticia/internacional/2021/08/05/interna_internacional,1293301/ue-nega-ter-participado-de-conspiracao-contra-evo-morales-em-2019.shtml Acesso em: 15 jan. 2023.

AGGESTAM, Karin; ROSAMOND, Annika Bergman. **Swedish feminist foreign policy in the making**: ethics, politics, and gender. Cambridge University Press, 2016.

AGGESTAM, Karin; ROSAMOND, Annika Bergman; KRONSELL, Annica. Theorising feminist foreign policy. **International Relations**, 2018.

AGGESTAM, Karin; TRUE, Jacq. Gendering Foreign Policy: A Comparative Framework for Analysis. **Foreign Policy Analysis**, Oxford, n. 16, p. 143-162, 2020.

AGUIAR, Bruna Soares. Modelo de desenvolvimento latino-americano e feminicídio: uma análise sobre as relações de poder e a performance de gênero. **Encuentro Latinoamericano**, Montreal, Québec, v. 4, n. 1, p. 9-24, 2017. Disponível em: https://iapss.org/core/storage/2021/11/ELA_4_1.pdf. Acesso em: 7 mar. 2020.

AGUIAR, Bruna Soares. Sociedade civil organizada na Cooperação Internacional: a atuação do movimento feminista na negociação do Acordo de Paz colombiano. **Conjuntura Austral**, Porto Alegre, v. 13, n. 61, 2021. Disponível em: https://seer.ufrgs.br/index.php/ConjunturaAustral/article/view/113861/66449 Acesso em: 28 nov. 2022.

AILLÓN, Virginia. Debates en el feminismo boliviano: de la Convensión de 1929 al "proceso de cambio". **Ciencia y Cultura**, [on-line], n. 34, p. 9-30, 2015.

ARCHILEOS-SARLL, Columba. Reconceptualising Foreign Policy as Gendered, Sexualised and Racialised: T Racialised: Towards a Postcolonial Feminist Foreign Policy (Analysis). **Journal of International Women's Studies**, Massachusetts, v. 19, n. 1, 2018. Disponível em: https://vc.bridgew.edu/cgi/viewcontent.cgi?article=1995&context=jiws Acesso em: 11 mar. 2022.

ALVARSSON, Jan-Åke. **La historia de la Misión Sueca Libre en Bolivia**: Una iniciativa nórdica pentecostal para evangelizar a los pueblos de Bolivia. Dissertations and Documents in Cultural Anthropology, DiCA, n. 21, Uppsala University, 2021.

BARBAS, Juan Martín; CHAVES, Dulce Daniela; LUCERO, Mariel Renée. Problematizar y deconstruir el concepto hegemónico de política exterior feminista desde Abya Yala: hacia una propuesta de gradualidad en la implementación. **Relaciones Internacionales**, Madrid, n. 49, 2022.

BARDIN, Laurence. [1977]. **Análise de Conteúdo**. São Paulo: Edições 70, 2011.

BRAGA, Pablo de Rezende Saturnino. **Potências regionais por uma nova ordem? A política externa de Brasil e África do Sul no campo dos direitos humanos**. 2018. Tese (Doutorado em Ciência Política) – Instituto de Estudos Sociais e Políticos, Universidade do Estado do Rio de Janeiro, Rio de Janeiro, 2018.

BRUNILA, Viivi; DUGUIT, Bapstite; IOVINO, Zena. Women in politics in Sweden. s/da. Disponível em: https://www.mv.helsinki.fi/home/holli/01sweden.html Acesso em: 12 jan. 2023.

BOLÍVIA. **Constituición Política del Estado**. 2009. Disponível em: https://www.oas.org/dil/esp/constitucion_bolivia.pdf Acesso em: 15 jan. 2023.

CASTAÑO, Pablo. Between political discourses and pragmatic policy-making: Gender equality policies in Bolivia under Evo Morales (2006-2017). **Revista Española de Ciencia Política**, Barcelona, n. 54, p. 39-64. 2020.

CURIEL, Ochy. Construindo metodologias feministas a partir do feminismo decolonial. *In:* BUARQUE DE HOLLANDA, Heloisa (org.). **Pensamento feminista hoje**: perspectivas decoloniais. 1. ed. Rio de Janeiro: Bazar do Boitempo, 2020.

DE LOS REYES, P. **Maktens olika förklädnadar**. Kømn, klasse og etnicitet i det post-koloniale Sverige. Stockholm: Atlas, 2003.

ELLINGSAETER, Anne Lise. Scandinavian welfare states and gender (de) segregation: Recent trends and processes. **Economic and Industrial Democracy**, Uppsala, v. 34, n. 3, p. 501-518, 2013.

EMBAJADA DE SUECIA. **Cooperación y desarrollo sostenible de Suecia en Bolivia**. 2019. Disponível em: https://www.swedenabroad.se/es/sobre-suecia/bolivia/cooperaci%C3%B3n-al-desarrollo/. Acesso em: 15 dez. 2022.

EMBASSY OF SWEDEN. **International Development Cooperation**. s/da. Disponível em: https://www.government.se/government-policy/multilateral-cooperation/. Acesso em: 14 dez. 2022.

ENLOE, Cynthia. **The Morning after**: Sexual Politics at the End of the Cold War. University of California Press, Berkeley, 1993.

EPRS, European Parliamentary Research Service. The 1995 enlargement of the Europen Union: the accession of Filand and Sweden. **Study European Union Series**, 2015. Disponível em: https://www.europarl.europa.eu/RegData/etudes/STUD/2015/563509/EPRS_STU(2015)563509_EN.pdf Acesso em: 13 dez. 2022.

ESCOBAR, Arturo. **La invención del desarrollo**. 2. ed. Popayán: Universidad de Cauca, 2014.

ESPINOSA MIÑOSO, Yuderkys. Fazendo uma genealogia da experiência: o método rumo a uma crítica da colonialidade da razão feminista a partir da experiência histórica da América Latina. *In:* BUARQUE DE HOLANDA, Heloisa. **Pensamento feminista hoje:** perspectivas decoloniais. 1. ed. Rio de Janeiro: Bazar do Tempo, 2020.

FERNÁNDEZ, Marta Cabezas. Políticas de género, colonialidad y neoliberalismo: una mirada crítica al 'Proceso a Beijing' en Bolivia. *In:* VAREA, Soledad; ZARAGOCIN, Sofía. **Feminismos y Buen Vivir:** utopías decoloniales. Pydlos Ediciones, Universidad de Cuenca, 2017.

FREITAS, Luana Monteiro. **A formação do Estado de bem-estar social nórdico:** uma abordagem da teoria da firma. 2014, Monografia (Bacharelado em Economia) – Instituto de Economia, Universidade Federal do Rio de Janeiro, Rio de Janeiro, 2014.

GARCÍA, Menchu Ajamil. Cooperación internacional, género y desarrollo. **Revista Iberoamericana de Educación**, Madrid, n. 6, p. 103-119, 1994.

GARCÍA BASTANTE, Yedra; RUGGIERO, Filomena; Ruiz-gimenez Aguilar, Mercedes. La cooperación será feminista o no será transformadora. *In:* CARRILLO, Miquel (coord.). **La nueva cooperación:** una propuesta de política pública para la Justicia Global. Icaria Más Madera, Espanha, 2021.

GRANDE, Patricio; WIURNOS, Natalia. Un actor difuso de cuerpo presente: los organismos de cooperación internacional en Bolivia. Una aproximación sobre su incidencia durante el primer mandato de Evo Morales. *In:* **VI Jornadas Interescuelas de Historia**. Mesa 25. La región andina. Conflictos sociales, procesos socio-económicos, cultura e identidad (siglo XX), 2008.

HERNES, Helga. **Welfare state and women power:** essays in state feminism. Oxford University Press, 1987.

HIRDMAN, Yvone. Key concepts in feminist theory: analyzing gender and welfare. Department of History, **International and Social Studies**, Aalborg University. FREIA's tekstserie n. 34, 1996.

HIRST, Monica; DALPONTE, Bruno. La presencia latinoamericana en el posconflicto colombiano. Friederich Ebert Stiftung, 2021. Disponível em: http://library.fes.de/pdf-files/bueros/la-seguridad/17707.pdf Acesso em: 04 abr. 2021.

HOMBERG, Annica; PACHECO, Marcia; DOCKWEILER, Marina. **Evaluation of the support to civil society in Bolivia implemented by Diakonia and civil society mapping**. Sida Descentralization Evaluation, 2021.

JEZIERSKA, Katarzyna; TOWNS, Ann. Taming feminism? The place of gender equality in the "Progressive Sweden" brand. **Place Brand Public Diplomacy**, [on-line], n. 14, 2018.

LAATIKAINEN, Katie Verlin. Gendered integration? A feminist analysis of Nordic membership in the Eeuropean Union. **Europe Community Study Association, Panel G-3: The Nordic Enlargement**, 1995. Disponível em: http://aei.pitt.edu/6955/1/002950.PDF Acesso em: 11 jan. 2023.

LLISTAR, David. **Anticooperación. Interferencias globales Norte-Sur**: los problemas del Sur no se resuelven con más ayuda internacional. Icaria: Antrazyt, 2009.

LLISTAR, David**. Anticooperación Norte Sur**: cuando la coherencia es más importante que la ayuda. El caso de Ecuador y la "cooperación" española. 2015. Tese (Doutorado em Sustentabilidade) – Programa de Doctorado en Sostenibilidad. Barcelona, Espanha, 2015.

MCBRIDE, Dorothy; MAZUR, Amy. **The politics of State Feminism**: Innovation in comparative research. Template University Press, 2010.

MENDEL, Hadas.; SEMYONOV, Moshe. A welfare state paradox: State interventions and women's employment opportunities in 22 countries. **American Journal of Sociology**, Chicago, v. 111, n.6. 2006.

MILANI, Carlos. Aprendendo com a história: críticas à experiência da Cooperação Norte-Sul e atuais desafios à Cooperação Sul-Sul. **Cadernos CRH**, Salvador, v. 25, n. 65, p. 211-23, 2012.

MILANI, Carlos; PINHEIRO, Letícia. Política externa brasileira: os desafios de sua caracterização como política pública. **Contexto Internacional**, Rio de Janeiro, v. 35, n.1, p. 11-41, 2013. Disponível em: https://www.scielo.br/j/cint/a/Dy6zLys78XTnTV8YFkY9ZJJ/?format=pdf&lang=pt Acesso em: 10 nov. 2021.

MILANI, Carlos. **Solidariedade e interesse**. Motivações e estratégias na cooperação internacional para o desenvolvimento. Curitiba: Editora Appris, 2018.

MOHANTY, Chrandra Talpade. **Under Western Eyes**: Feminist Scholarship and Colonial Discourses. Feminist Review, p. 61-88, 1988.

MOHANTY, Chrandra Talpade. La planificación de género en el Tercer Mundo: enfrentando las necesidades prácticas y estratégicas de género. *In:* GUZMÁN, V. (org.). **Una nueva lectura**: género en el desarrollo. Entre Mujeres. Flora Tristán Ediciones, 1991. p. 55-124.

OPEN GOVERNMENT DATA OF SWEDISH. **Sweden's aid to Bolivia (Plurinational State of) via all partners in all sector categories through all form of cooperation**. Disponível em: https://openaid.se/en/activities?filter=2021,BO Acesso em: 12 dez. 2022.

PARASHAR, Swati. **The WPS agenda**: a postcolonial critique. *In:* DAVIES, Sara. TRUE, Jacqui: The Oxford Handbook of Women, Peace, and Security. Oxford Handbooks Online, 2018.

Paredes, Julieta. **Las trampas del patriarcado**. Pensando los feminismos en Bolivia. La Paz: Conexión Fondo de Emancipación, 2012.

PAREDES, Julieta. **Hilando fino**: desde el feminism comunitario. Cooperativa El Rebozo, 2013.

PEREIRA, Matheus Ribeiro. **Storytelling como ferramenta de discurso no Twitter**: uma análise da campanha presidencial de Jair Bolsonaro em 2018. Dissertação (Mestrado em Gestão da Economia Criativa) – Escola Superior de Propaganda e Marketing, Rio de Janeiro, 2021.

ROBERTS, Adrienne. Feminist historical materialist and critical theory. *In:* STEANS, Jean; TEPE-BELFRAGE, Daniela, **Handbook on Gender in Word Politics**. Edward Elgar, Cheltenhan, UK/ Northhampton, MA, USA, 2016.

ROBSON, Fiona. Feminist foreign policy as ethical foreign policy? A care ethics perspective. **Journal of International Political Theory**, v. 17, n. 1, 2019. Disponível em: https://journals.sagepub.com/doi/pdf/10.1177/1755088219828768. Acesso em: 13 mar. 2022.

RODRÍGUEZ-CARMONA, Antonio. **El protectorado**. Bolivia tras 20 años ayuda externa. La Paz, Bolivia: Plural, 2009.

SEGATO, Rita Laura. Gênero e colonialidade: em busca de chaves de leitura e de um vocabulário estratégico descolonial. **e-cadernos CES** [on-line] p. 106-131, 2012.

SEPÚLVEDA, Daniela. Política exterior feminista: el próximo emprendimiento normativo de América Latina. **Análisis Carolina**, n. 34, 2021. Disponível em: https://www.fundacioncarolina.es/wp-content/uploads/2021/12/AC-34-2021.pdf. Acesso em: 14 mar. 2022.

SHIVA, Vandana. **Abrazar la vida**: mujer, ecología y supervivencia. horas y HORAS, Madrid, Espanha, 1995.

SIDA – Swedish International Development Agency. **How Sida works with gender equality**. 2020a. Disponível em: https://cdn.sida.se/publications/files/sida662353en-sidas-work-for-gender-equality.pdf. Acesso em: 15 dez. 2022.

SIDA – Swedish International Development Agency. **Gender equality and dimensions of poverty**. 2020b. Disponível em: https://cdn.sida.se/publications/files/sida62332en-gender-equality-and-dimensions-of-poverty.pdf. Acesso em: 15 dez 2022.

SIDA – Swedish International Development Agency. **Gender equality policy marker**. 2020c. Disponível em: https://cdn.sida.se/publications/files/sida662335en-gender-equality-policy-marker.pdf. Acesso em: 15 dez 2022.

SIDA – Swedish International Development Agency. **Sida's work in Bolivia**. 2022. Disponível em: https://www.sida.se/en/sidas-international-work/countries-and-regions/bolivia. Acesso em: 3 nov. 2022.

SILVA, Diogo Bacha; VIEIRA, José Ribas. Gênero e constitucionalismo: sobre a Lei de proteção às mulheres do Estado Plurinancional da Bolívia. **Revista de Estudos Feministas**, Florianópolis, v. 27, n. 3. e58059, 2019.

SOARES DE LIMA, Maria Regina. Instituições democráticas e política exterior. **Contexto Internacional**, Rio de Janeiro, v. 2, p. 265-303, 2000.

STATISTA. **Leading occupations for women in Sweden in 2016, by number of employees**. 2018. Disponível em: https://www.statista.com/statistics/817461/leading-occupations-for-women-in-sweden-by-number-of-employees/. Acesso em: 9 jan. 2023.

STIENSTRA, Debora. Can the Silence be Broken? Gender and Canadian Foreign Policy, **International Journal**, Toronto, n. 50, p. 103-127, 1994.

STRINDEVALL, Linda. **Coherence between national and international environmental policies** – the case of Sweden. 2018. Dissertação (Mestrado em Desenvolvimento Sustentável) – Uppsala Uniersiet, Uppsala, 2018. Disponível em: https://www.diva-portal.org/smash/get/diva2:1216376/FULLTEXT02.pdf. Acesso em: 13 nov. 2022.

SWEDEN. Government Offices of Sweden. **Women, Peace & Security**: Swedish National Plan for the implementation of UN Security Council's Resolution on Women, Peace and Security 2016-2020. 2016.

SWEDEN. Government Offices of Sweden. **Policy for global development in the implementation of the 2030 Agenda**. 2017.

SWEDEN. Government Offices of Sweden. **Handbook Sweden's feminist foreign policy**. 2018. Disponível em: https://www.swedenabroad.se/globalassets/ambassader/zimbabwe-harare/documents/handbook_swedens-feminist-foreign-policy.pdf. Acesso em: 15 jan. 2020.

SWEDEN. Government Offices of Sweden. **Tenth periodic report by Government of Sweden on the measures in accordance with the**

Convention for the Elimination of All Forms of Discrimination against Women. 2019a.

SWEDEN. Government Offices of Sweden. **Gender Equality in Sweden**. 2019b. Disponível em: https://sweden.se/society/gender-equality-in--sweden/. Acesso em: 7 jun. 2020.

SWEDEN. Government Offices of Sweden. **Gender mainstreaming in government agencies**. Ministry of Employment. 2020. Disponível em: https://www.government.se/articles/2020/04/gender-mainstreaming--in-government-agencies. Acesso em: 12 jan. 2022.

SWEDEN. Swedish Gender Equality Agency. **Gender mainstreaming**. 2021. Disponível em: https://www.swedenabroad.se/globalassets/ambassader/zimbabwe-harare/documents/handbook_swedens-feAbout%20us%20%7C%20Swedish%20Gender%20Equality%20Agencyminist-foreign-policy.pdf. Acesso em: 12 dez. 2022.

STEANS, Jean; TEPE, Daniela. Gender in Theory and Practice of International Political Economy *In:* AYERS, Alison. Gramsci, **Political Economy and International Relations Theory**. Palgrave Macmillan, New York, USA, 2008.

TANHUA, Inkeri. **Gender equality and Nordic welfare society**. Norden, 2020.

THOMPSON, Lyric; CLEMENT, Rache. Definiendo la política exterior feminista. International Center for research on women. **International Center for Research on Women**. 2019. Disponível em: https://www.icrw.org/wp-content/uploads/2019/11/ICRW_DefiningFeministForeignPolicy_Brief_Spanish.pdf Acesso em: 13 mar. 2022.

TICKNER, J. Ann. **Gender in International Relations**: Feminist Perspectives on Achieving Global Security. Columbia University Press, 1992.

TOWNS, Ann. Paradoxes of (in)equality: something is rotten in the gender equal state of Sweden. **Cooperation and Conflict**: Journal of the Nordic International Studies Association, Londres, v. 37, n. 2, p. 157-179, 2002.

TOWNS, Ann. **Women and States**: norms and hierarchies in International Society. New York: Cambridge University Press, 2010.

VICEMINISTERIO DE INVERCIÓN PÚBLICA Y FINANCIAMIENTO EXTERNO, Bolívia. **La cooperación internacional en Bolivia**. La Paz, 2005.